藤川伸治

# めっしほうこう《滅私奉公》

学校の働き方改革を通して未来の教育をひらく

明石書店

# はじめに

## 教員は戦場並みのストレスにさらされている

私は、学者・研究者でもなければ、作家でもない。三十年にわたり、子どもの居場所がある学校づくり、教職員が働きやすい職場環境をつくるために働いてきた。教員の過労死解消や公務災害認定の活動にも取り組んできた。

二〇一八年八月二十一日、午後、友人から電話がかかった。

「おれが一緒に働いていた臨時採用の教員が急死した。どうしたらいいんだ」

友人の話を聞きながら、深い悲しみと、腹の底から悲しみと憤りが湧き出し、ツイートをした。[1]

過労死した公立校の教員は、この十年間で六十三人と報道されているが、専門家は「氷山の一角」と述べている。[2] 国も、昨年十月三十日、教員は過労死が多く発生している職種と認めた。[3] しかし、過労死した遺族が公務災害認定を申請しても、裁判に訴えても認められる事例は少ない。

なぜなら、教員は、原則として、勤務時間内で仕事を終え、勤務終了後の仕事の大半をボランティアとみなし、時間外手当は一円も支払わないという特別な制度があるからだ。この制度は、約半世紀前につくられた。最近では、「定額働かせ放題」とも揶揄されている。高度プロフェッショナル制度を五十年前に先取りしていたわけだ。

この特別な制度により、教育委員会や管理職は、教員の勤務時間の管理をする必要性が低く、ついに日本の教員は、労働時間が世界で一番長く[4]、過労死ラインを超えて働く労働者の割合が、全業種のなかで最も高いという異常な事態になってしまった[5]。

教員は、人間を相手にした職業である。一日何十人、時には、百人以上の子どもたちを相手にする。相手にする人間は、子どもだけではなく、同僚、管理職、保護者、地域の人たち、教育委員会の人たちと多様である。長時間労働と複雑な人間関係のなかで、教員は心身ともに疲れきっている。「普段の仕事でどの程度疲れますか」との質問に対して、「とても疲れる」と回答した教員は、民間企業で働く労働者の約三倍にのぼっている[6]。それどころか、二〇二〇年からは十分な人員配置の見通しがないまま、小学校高学年で外国語の教科化、プログラミング教育が必修化され、教員の仕事はさらに増えていくだろう。

## 教員志望者の減少傾向はストップするだろうか

このような教員の長時間労働が、社会的にもとり上げられ、「ブラック職場」と揶揄されるようになったこともあり、教員の志望者数が年々減少しているという。[7] これは、日本の未来の教育に深刻な影響を与える。教育の持続可能性が揺らぎ、日本の未来の教育に深刻な影響を与える。

---

1 https://twitter.com/PvTs0o6M09FEHcu/status/1031936586294779904（最終確認日２０１８年11月３日）。
2 毎日新聞、２０１８年４月21日。
3 厚生労働省（厚労省）「平成30年過労死等防止対策白書」（２０１８）。https://www.mhlw.go.jp/wp/hakusyo/karoushi/18/index.html（最終確認日２０１９年６月９日）
4 ＯＥＣＤ「国際教員指導環境調査」（２０１３）８頁。http://www.mext.go.jp/component/b_menu/other/__icsFiles/afieldfile/2014/06/30/1349189_2.pdf（最終確認日２０１９年６月９日）
5 連合総研「とりもどせ！　教職員の『生活時間』」（２０１６）36頁。http://www.rengo-soken.or.jp/work/bcf009507f36983a485217ed230437e742fb5082.pdf（最終確認日２０１９年６月９日）
6 文科省「教員のメンタルヘルスの現状」（２０１２）７、８頁。http://www.mext.go.jp/b_menu/shingi/chousa/shotou/088/shiryo/__icsFiles/afieldfile/2012/02/24/1316629_001.pdf（最終確認日２０１９年６月９日）
7 AERA.dot（２０１９）「教職のブラックすぎが原因!?　教育学部の志願者数が約10年で「激減」の衝撃」。https://dot.asahi.com/dot/2019030700076.html?page=1（最終確認日２０１９年５月31日）

今年一月に中央教育審議会は、学校の働き方改革について答申をした。それによると、企業の残業時間の上限を定めた働き方改革関連法を参考に、時間外勤務の上限の目安を原則月四十五時間、年三百六十時間と規定。特別な事情があっても月百時間未満、二～六か月の月平均で八十時間、年七百二十時間までとするとした。また、ボランティアとされてきた時間外の部活動指導や授業準備なども含め、タイムカードなどによる勤務時間の把握を求めることを提言した。さらに自治体や学校には教員の業務を効率化するよう要請した。「教師の本務は授業」とし、登下校の対応、夜間の見回りなどは、地域や保護者との役割分担をすすめることを各教育委員会や学校に求めた。しかし、実際は、現場に必要な教職員の配置もせず、学校任せ、現場任せの改革に過ぎないという声も教職員から多く聞かれる。

このようなままで、年々、減少する教員志望者の傾向が変わるだろうか、不安な気持ちを抱かざるを得ない。

## この物語の構成

私は、教員の仕事を効率化し、長時間労働の解消を図るためには、ＡＩの活用が必要だと考えている。しかしながら、その活用が広がれば広がるほど、人間だからこそできる教育とは何かについて明らかにし、人間としての教員でなければできない仕事に専念できる職場環境の整備が必要だと考えている。仮にそのような職場環境の整備がされなければ、教員はＡＩにとって代わられるかもしれないという懸念を抱いている。

そこで、本書では、ＡＩ先生が授業をする「実験校」に通う女の子と、その家族模様を通じて、人間だからこそできる教育を阻害する「教員の長時間労働」の実態とその背景をわかりやすく紹介することを心がけた。また、その解決に向けては、教職員の長時間労働の解消を社会全体の課題としていく必要がある。そのために本書では教職員自らが、自分たちの働く職場環境の実態や長時間労働が子どもに与える影響について、市民や保護者に訴えることにより、共感の輪が広がり、学校の働き方改革が少しずつ進んでいく様子を描いた。

物語は、教員には時間外勤務手当を支給しないという特別の制度を、さらに改悪した制度が導入されてから二年が経過した二〇二三年四月からはじまる。

## 〈主な登場人物〉

北村葵（あおい）：小学校六年生。ものおじせず、「なぜ？」と人に聞くのがクセ。好奇心いっぱいの女の子。

北村大翔（ひろと）：通信制高校二年生。中学三年生のとき、不登校になった。高校進学をするかどうか迷っていたが、小学校六年生のときに担任だった高橋先生と話しているうちに、進学を決心した。今、教育学部をめざして勉強をしている。疑問に感じたことを納得できるまでとことん調べるのが好き。

北村由紀（お母さん）：専業主婦（四十五歳）。かつて中学校の音楽教員。近くに祖父母も住んでおらず子育てに専念するため、出産後に早期退職。ママ友との「ランチ会」が趣味。

北村大輔（お父さん）：中学校の理科教員（四十五歳）。「がんばれば、夢はかなう」をモットーに、教職生活二十三年を走り続けてきた。今年四月に転勤したばかり。現在、バスケット部の顧問。

大木智子（おばさん）：五年前に教員を退職。大学院に進学し、今は教育系大学で非常勤講師をしている。

高橋先生（ター坊）：大翔、葵が五年生のときの担任だった。一年単位の変形労働時間制が導入されることを知って中途退職を決断した。あだなはター坊先生。

池田先生：葵の現在の担任。校長先生や教育委員会、文部科学省（文科省）のことを気にしがちな先生。

佐川先生：大翔が中学三年生だった時の担任。腕力で生徒を押さえつける先生。

花咲校長先生：教育熱心で、教職員からの信頼もある。

杉山先生：大輔の同僚。正義感が強く、行動力もある若手教員。

井口先生：大輔と一緒にバスケット部の顧問をしている。四月末に中体連の試合の審判中にアキレス腱を切って、休職に入った。

片桐先生：ベテランの学校事務職員。

山下先生：大輔の通信制高校の先生。生徒の声をしっかりと聞き、共感してくれる先生。

伊藤教育長：桜ヶ丘中学校校区の教育長。

工藤祥子：「神奈川過労死等を考える家族の会」代表（実在人物）。

柴山弁護士：労働問題などを専門とし弁護士活動を行っている。

# めっしほうこう（滅私奉公）――学校の働き方改革を通して未来の教育をひらく　◎目次

# 序章

「キンコーン　カンコーン」

六校時目の授業終了のベルが鳴った。

「フー、やっと終わったか」と大輔は心のなかでつぶやいた。今日は朝七時十五分に出勤し、七時三十分から部活の朝練習に立ち会い、一時間目は空き時間で、その後は、五時間ぶっ続けで授業があった。理科の教員なので、実験の準備、片付け、次の授業の実験の準備をわずか十分間の休憩中にしなければならなかった。一息ついたところで、朝からトイレに行っていないことに気づき、急にトイレに行きたくなった。

授業が終わると、担任をしているクラスのホームルーム、続いて、部活動の時間になる。

教員の条例上の所定勤務時間は七時間四十五分となっている。十六時四十五分までが勤務時間である。しかし、学校で定めてある部活動終了時間は、十八時ということになっている。条例上では大輔の学校は八時十五分に勤務が始まり、十六時四十五分に仕事を終えて、自宅に帰ることができる。しかし、生徒の安全上の配慮から部活動には立ち会わなければならない。十六時四十五分を過ぎても、実際は部活動の指導を行うことになる。

大輔が、体育館に行ったときには、生徒たちはすでに準備運動を始めていた。担当しているバスケット部は強豪チームで、子どもたちには自主的に練習をする習慣がついている。大輔は、副顧問という役目だが、生徒と一緒にボールを追いかけることも多い。しかし、大輔の年齢（四十五歳）にもなると、生徒と一緒に練習をするのは、かなりしんどい。

部活動が終わって職員室に戻ると、多くの教職員が、疲れた様子で椅子に座っていた。ここで帰宅できればいいが、そこから明日の授業の準備にとりかかる。理科の授業は実験があり、大輔は理科室で実験道具をそろえて予備実験をする。二十年以上の経験を重ねてきたこともあり、準備は手際よくできるが、それでも一時間以上かかる。

理科室から職員室に帰ると時計の針は午後七時三十分を過ぎていた。しかし、多くの教職員がパソコンと向き合って仕事を続けていた。

と、そのときだった。

「ルルルルル　ルルルルル」

一台しかない職員室の電話が鳴りはじめた。この時間帯にかかってくる電話は、保護者、地域からのクレームの電話が多い。そのためかなかなか、電話をとるものはいなかった。

生徒指導主任の大輔が電話をとった。

「はい、こちからは桜ケ丘中学校です。北村というものです」

「あっ、そうですか。それは、大変ご迷惑をおかけしております。えっ、警察にですか、ちょっと待て下さい。すぐに、私どもが行きますのでよろしくお願いします」

「何かあったのですか?」と杉山先生が聞いた。

「いつものことだよ」

「いつものことというと……」

「駅前のコンビニの前でうちの生徒たちがたむろし、たばこを吸っている。何度注意してもやめないので警察に通報するという連絡だよ」

「そうなんですか。学校としても何の対応をしないわけにはいかないでしょ。すぐに、現地に行ってみたほうがいいですよ」

「担任の先生は、もう帰っているみたいだな。だったら、俺が駅前のコンビニに行ってみるよ。杉山先生も一緒に行ってくれるか。明日の実験の準備はできたので、残りの仕事は自宅に帰ってすることにするよ」と大輔は頼んだ。

「はい、わかりました」

まわりの教職員にも二人の会話は聞こえているはずだが、関わりたくないのかパソコンに向きあったままだった。

「みなさん、駅前のコンビニに行ってきます」と声をかえ、ふたりは職員室を飛び出していった。

コンビニに向かう途中で、管理職には報告をしておいた。

コンビニに到着すると、赤色灯をつけたパトカーが二台止まっていた。

生徒たちは、警察官から事情聴取を受けているところだった。

「すみません、すみません。うちの生徒がご迷惑をおかけしまして」と大輔が、警察官に声をかけた。

「この子たちは、お宅の学校の生徒ですか。以前から何度も注意をしていたのですが、それも聞かないので、今日はこの四人の生徒さんに署まできてもらうことにしますから」

「はっ、はい」

「この子たちの保護者のかたにも警察から連絡を取るようにしますから」

警察官は、事務的に、処理をした。

「うちの店の前でたむろして、たばこを吸ってくれるのは困るんだよなあ。近所迷惑だと言われるのはうちなんだぜ」とそのコンビニの店主が大輔たちに苦々しげに言った。

大輔も、杉山先生も、平身低頭で謝った。

生徒たちはパトカーに乗せられて、警察に連れていかれた。

現場に残された二人は、辺りに散乱していたたばこの吸い殻をきれいに片付け、お店にお詫びを言ってその場を去った。

「北村先生、もうお帰りになってください。今夜のことの報告書は、これから学校へ帰って私が書いておきますから」と杉山先生が言ってくれた。

「その言葉はうれしいけど、役割上、そうはいかないよ。一緒に作成しよう」と大輔は答えた。

二人が学校に帰ったのは午後九時を回っていたが、まだ、半数以上の教職員がパソコンと向きあっていた。

「お疲れ様でした」と声をかけてくれる教職員もいなかった。

二人が管理職と教育委員会に翌朝報告するための報告書作成を終えたのは午後十一時を過ぎていた。

# 第Ⅰ部

# 第１章　２０２３年、国家の一大プロジェクト
## ――ＡＩロボット「アイちゃん」が先生になった

ヤッホー！　ＡＩロボット「アイちゃん先生」が学校にやってきた
「みなさ～ん、しずかにしてくださ～い。これから、新しい先生をおむかえする式を始めます。みなさ～ん、しずかに!!」

ざわざわしていた体育館がやっとしずかになった。

「四月に来られた新しい先生の就任式を行います」

「気をつけ　礼！」

教頭先生の大きな声がした。

ステージに立った校長先生は、少しとまどっているように見えた。

「新しい先生方を紹介します。カトウ先生、フジカワ先生、シミズ先生、三人の先生があけぼの小学校にこられました。みんなが楽しくお勉強できるよう三人の先生方ははりきっておられます。では、先生方、どうぞステージに！」と校長先生は緊張した声で、三人の先生を呼んだ。

わたしは北村葵。

今年から小学校六年生になった。わたしは、毎年、新しい先生と出会う瞬間、いつもワクワク、ドキドキする。今年は、どんな先生がやってきたのだろう？

三人の先生が名前を呼ばれ、ステージに登場した。

「えっ、なに、なによ、これ⁉」

となりの一綺ちゃんもびっくりしてわたしのほうを見た。

「えー、アイちゃんじゃないの！」

「ヤッホー！　アイ！」

「すごーい‼」

「かわいい！」

歓喜と興奮、歓声。拍手が鳴りひびいた。

「しずかに、しずかに！」と教頭先生やら、ほかの先生がおおきな声を上げた。子どもたちは、まったくそれを無視している。

なぜなら、名前を呼ばれて登場した先生たちは、ＡＩロボットだったからだ。十年ほど前に登場したアイくんは、みんな同じ顔、かたちをしていた。でも、今日、出現したアイくん三人？　は、それぞれ顔かたちや表情のちがいもある。

「ボクハ、カトウデス。ミンナト、アエルノヲタノシミニシテイマシタ」。式が終わると、わたしたちは、ごっつい顔をしたカトウ先生、頭のはげたフジカワ先生、笑顔がかわいいシミズ先生のまわりにドドッ！　と駆け寄った。

わたしは、「アイ先生、じゃなかった、フジカワ先生」と声をかけた。

「コンニチハ、ヨロシクネ」

「先生、さわっていい」

「イイヨ」

フジカワ先生の手は、やわらかくて、少しあたたかかった。

その日、葵の家庭は、三人のＡＩロボット先生の話でもちきりだった。[1]

「お父さん、すごいよ。学校にＡＩロボット先生のアイちゃんがやって来た。やわらかくて、あたたかな手をしていたよ」

「ほー、そうなのか。ついにＡＩロボットが先生になるときが来たか」

1 日本経済新聞社、２０１９年3月28日。

と父親の大輔が言った。

大輔四十五歳。教員生活二十三年目、中学校理科の教員。授業はおもしろいし、部活動指導や生活指導も熱心だ。大輔は、仕事をしているときにすごく幸せを感じ、一年三百六十五日、学校に行くのが楽しくて、楽しくてしょうがなかった。しかも、若い先生からの信頼も厚かった。

一昔前のベテランの先生のなかには、若い先生に自分の経験談を押し付ける[2]タイプが多かった。しかし、大輔は、まず若い先生たちの悩み、思いをしっかり聞いて、少しだけ自分の経験談を話すタイプだった。

大輔は、「自分一人が急いで一歩前に出て、みんなを引っ張るより、みんなといっしょに半歩でも、四分の一、八分の一歩でも歩むほうが遠くまで行ける」という考え方を貫いていた。

大輔は、中学から大学まで、卓球部にいた。しかし、教員になって以来、剣道部、サッカー部の顧問をつとめた。競技経験がなかったため、指導法の本・DVDを自腹で購入し、ベテランの顧問教員がいる学校にも行って、指導法を教えてもらっていた。採用まもない頃、先輩の先生から、「だれも、最初からうまくできるわけない。わからなければ、人に会い、本を読め。そして、とりあえず、それをアウトプットしてみることだ。仲間を集め、語りあい、実践することで本物になる」と教えられてきた。

二か月に一回程度、自分が企画し、同僚に声をかけている「読書会」を続けている。『どのような教育が「よい」教育か』（苫野一徳[3]）『身体感覚を取り戻す腰・ハラ文化の再生』（斎藤孝[4]）『「学び」の構造』（佐伯胖[5]）など、教育の本質に関わることを論じた書籍を教材としていた。多くの教員が、授業にすぐ役立つ「スキル」中心の書籍すら読まなくなった傾向にあるなか、異色の読書会だった。文科省が決めたプログラミング教育、パソコンやインターネットを活用したＩＣＴ教育についても、積極的に実践した。まさに、文科省の掲げる「学び続ける教師[6]」の手本であり、熱血教員だった。

大輔は、惜しまれつつ、今年四月に新しい学校に異動した。新任校は、部活動指導の顧問は複数制の学校だった。それまでと比べると負担が減った。ただ、子どもたちの問題行動が多く、生活指導は大変だった。

2 稲垣忠彦・久冨義之『日本の教師文化』（東京大学出版会、１９９４）97～１０７頁。
3 講談社、２０１２。
4 日本放送協会、２０００。
5 東洋館出版社、１９７５。
6 文科省「教職生活の全体を通じた教員の資質能力の総合的な向上方策について」（２０１２）。

二、三年前までと比べると、大輔の帰宅はずいぶんと早くなった。文科省や、教育委員会が、出勤および退勤した時間を記録し、一か月の時間外勤務時間の上限を四十五時間にするよう厳しく指導を始めたからだ。その分、学校でできなかった仕事は自宅に持ち帰ってすることが多くなった。

## 大翔は、「人間性を全否定した教員の一言」が原因で学校に行くことができなくなった

今日も家族そろっての夕食となった。

「どんな授業を持つの？」

「英語みたいだよ」

「そうだろうなあ、小学校で英語を教えている先生は苦労している、と聞くからね」

「去年の学級担任だったター坊は、英語の授業が始まるとき、『五年生を担任するのは久しぶりです。英語を教える免許も持っていないし、先生になってはじめての経験です』って、話をしたのよね。それが、問題になって、『無免許の先生が英語を教えるなんて、そんなアホなことがあるか』というクレームが学校にきたみたい」

教員が話したことや学級での出来事は、ＳＮＳでその日のうちに広がる。しかも、広がるのは陰口や悪口が中心である。

夕食をつくっていた母の由紀が、「たしか、そんなこともあったわね〜。でも、葵はター坊先生の英語の授業はおもしろいって言ったよね」と口をはさんだ。

「葵、ター坊って、高橋先生のことか?」

大輔が聞いた。

「お父さんは、何も知らなかったの。ター坊というのは、高橋先生のあだな。五年生の担任になったとき、『子どもの頃から、あだ名はター坊と言われてきました。ター坊と呼ばれると、めっちゃうれしいです』とニコニコしながら話したの。

そのとき、一瞬、教室の空気が固まったんだよ。なんなのこの先生って。でもね、高橋先生と呼ぶときと、ター坊先生と呼ぶときでは、先生の表情がなんかちがうのよね。いつのまにか、みんなは、ター坊先生と呼ぶようになったの」

大輔は、中学校三年生の大翔を救ってくれた高橋先生のことをター坊というのが気になるらしく、「学校は、『あだ名禁止』[7]だろう」と口をはさんだ。

現在、通信制高校二年生の大翔は、中学校三年生になって、学校へ行くことができなくなっ

---

7 尾木直樹「小学校で増える『あだ名禁止』『男女ともに"さん"付け』どう思う?」(文春オンライン、2018) http://bunshun.jp/articles/-/7589(最終確認日2018年11月3日)。

た。

担任だった佐川先生は「ルールを守り、義務を果たし、筋が通った人間を育成する」をモットーに、生徒を厳しく指導をしていた。空手二段、アメリカンフットボールもやっていた。校則違反の生徒がいたら、体罰こそしなかったが、でっかい身体で生徒を威圧するように怒った。「問題児」も、佐川先生の前では借りてきた猫のようになる。学級の規律もピシッとさせ、保護者からの信頼もあった。

新学期が始まって二日目。大翔は佐川先生に「職員室に来い」と言われた。「おい、北村。おまえ、髪を染めているだろう。明日までに黒くして来い」と言われた。大翔が、これがぼくの地毛です、と説明しても、一切、聞き入れてくれなかった。「俺をなめるなよ。おまえがウソをついているくらいわかる。すぐに、黒色に染めてこい。おまえの父親は教員だろ。父親の顔に泥を塗るような奴は、人間じゃない」と大声で怒鳴りつけられた。

周りの先生もその声にびっくりしたように振り向いた。大翔は、その言葉を聞いたとき、抜け殻のようになった。大翔は、バッと職員室から逃げ出した。そして、体育館のそばにある倉庫裏に隠れ、ずっと泣いていた。日が暮れ、家に帰ろうと思ったとき、佐川先生たちの声が聞こえた。

「いや、今ごろの子どもは、ルールを守るという最低限の義務を知らない。そういう子には、佐川先生のように力でルールを守らせることが必要ですね。今日の先生の指導は、とても勉強になりました。子どもになめられないことですね」という若い先生の声が聞こえた。

大翔は、身体がこわばり、息をこらして先生たちが引き揚げるのを待っていた。先生たちが立ち去った後、あたりにたばこのニオイが残っていた。

翌日から、大翔は学校へ行けなくなった。お母さんの由紀がその理由を聞いても、大翔は何も言わなかった。「自分は、お父さんの顔に泥を塗ったダメな奴」という気持ちが、大翔を苦しめていた。

由紀が、「佐川先生に相談してみようか」と言ったとき、大翔は、厳しい表情になり、「そんなことをしたら、おれは死んでやるからな！」とにらみつけた。

三人のあいだに、長い無言の時間が続いた。

由紀と大輔は、大翔の心のなかに「深い闇」があるのを感じとった。この会話があって以来、家族のなかでは、大翔が学校へ行かないことについて、誰もふれなくなった。

ときどき、佐川先生から電話がかかってきても、大翔は絶対に出なかった。一学期が終わり、二学期になっても行けなかった。二学期の終わり、佐川先生から由紀に電話がかかってきた。「お宅のお子さんは、学校に来ていないし、通信制高校くらいしか行けませんよ。本人とよく相談して、わたしに連絡して下さい」と、言われた。一方的で、冷たい言い方だった。

その夜、由紀は「大翔、久しぶりに高橋先生に会ってきたら」と、思い切って話してみた。

高橋先生は大翔が不登校になっていたことを知っていた。

大翔の顔を見るなり、「大翔君、よく来てくれたね。つらかったなあ」と一言つぶやいた。高橋先生の目には、涙がいっぱいたまっていた。その瞬間、大翔は「先生……」と言ったきり、大声を上げて泣き続けた。高橋先生は、「大翔君、会えてうれしいなあ。ありがとう」とグッと抱きしめてくれた。九か月間の悔しい思いや苦しさが、涙とともに流れていった。

その日、大翔は高橋先生に、積もり積もった話をいっぱいした。高橋先生は、「ウンウン」、「つらかったなあ」と言いながら大翔の話を聞いてくれた。高橋先生と話をするうちに、高校に行こうという気持ちが芽生えてきた。高橋先生は、その場で、通信制高校に勤める友人の山下先生に電話をかけた。

山下先生は、「通信制高校って、どんな高校か説明しますよ。会いましょうか」と言ってくれた。数日後に会った山下先生は、高橋先生と同じような雰囲気の先生だった。通信制高校は、月二〜十回のスクーリングとレポート提出、それに向けて自分のペースで勉強をするなど、自由な時間があり、服装は自由だった。もちろん、生徒の心を傷つけるような「ブラック校則」はない、と山下先生は教えてくれた。大翔は「この高校なら行けるかも」という気持ちになった。

その夜、大翔は、大輔と由紀に「なぜ学校に行けなくなったのか？」という理由や通信制高校に進学することを決めた、と話した。二人とも、大翔の話を黙って聞いてくれた。大輔は「さすが、大翔、おれの子どもだ」と誇らしげに話をしてくれた。由紀は、「大翔、つらかったね」と涙を流した。


大翔が通う通信制高校の先生は、生徒が疑問に感じたことや悩んでいることに一人の人間として向きあってくれた。通信制高校への進学で同級生と触れあう機会が少なくなることを気にしてくれた山下先生は、高校生の平和活動「高校生平和大使[8]」の活動を紹介してくれた。

大翔は、その活動を通じて知りあった友だちからある言葉を教えてもらった。

8　全国各地の高校生が「私たち一人ひとりの力は微力ですが、無力ではありません」と信じて、1998年から核兵器廃絶の署名運動を続けている。集まった署名は、毎年、高校生平和大使によって、スイス・ジュネーブの国連欧州本部に届けられる。署名は総計100万筆を超え、すべて国連に永久保存される。2018年8月、長崎新聞社から『高校生平和大使にノーベル賞を』という書籍が発刊された。累計署名数178万5688筆。http://peacefulworld10000.com（最終確認日2018年11月5日）。

ビリョクだけどムリョクじゃない！[9]

大翔は、この言葉を聞いたとき、「あきらめたら、何も変わらない」と感じ、小さな勇気をもらったような気がした。

比較的自由な時間がある大翔は、高校生平和大使の活動の事務局役も任せられた。一年生が終わる頃、大翔は、中学校三年生のときの人間性を否定された深い傷も癒え、本来の自分を取り戻し、未来につながる夢を描けるようになった。それは、大翔のことを信じてくれた高橋先生や山下先生のような先生になるという夢だった。

## 日本とオーストラリアの小学生が「ワクワク体験」を伝えあう授業

子どもたちが、高橋先生のことをター坊と呼んでいたことに、口をさしはさむ大輔に対して、葵は「いいの。お父さんは黙って話を聞いて。それでね、最初の頃、ター坊の発音は下手くそだったし、ＡＬＴ（外国語指導助手）の先生ともまったく会話になってなかったの。それがさあ、どんどんうまくなっていったの。みんなはびっくりしていたわ。二学期が始まった日には、『ぼくは、オーストラリアに行ってきました！』って、自慢げに話してくれたの」

「熱心な先生だなあ。まるで、おれそっくりだ」

大輔が胸をはった。

「わたし、『うそ〜！』って思わず、声を上げたの。でも、動画や写真を見せてくれて、ホントだとわかって、ビックリしたわ」

葵は、その日のことがとても思い出に残っているのか、すごく楽しそうだった。

「ター坊は、何のためにオーストラリアに行ったの？　英語もしゃべれないのに」

大輔が、興味深そうに聞いた。

「それがさあ、なんのためだと思う？　自分が一学期のあいだ、学んできた英会話が役に立つか、試してみたかったんだって」

高橋先生は、自らの英語力を向上させるため、ラジオやオンラインを活用した英会話の勉強を続けていた。

「そればかりじゃないの。もっとビックリするような理由があったの」

葵はもったいぶって、クスっと笑った。

「なんだよ、それ」兄の大翔が聞いた。

「おにいちゃん、聞きたい？」

9　2014年長崎市長「平和宣言」https://nagasakipeace.jp/content/files/appeal/2014/japanese.pdf（最終確認日2018年11月5日）。

「早く、話せよ」

「あのね、オーストラリアの小学校の先生と友だちになりたかったんだって」

「それなら、わざわざオーストラリアに行く必要もないじゃん」

「オーストラリアの子どもたちと私たちがスカイプで話をする授業を一緒にやろうという先生を探すために、わざわざオーストラリアに行ったんだよ」

「さすが、ター坊だなあ。それで、見つかったのか？」

「それがねえ、見つけてきたのよ」

高橋先生は、スカイプを使ってオーストラリアの小学生と話をする機会をつくりたいと提案した。恥ずかしいという子どももいっぱいいた。でも、高橋先生は「コミュニケーションは『伝えたい』、『わかり合いたい』という気持ちと、度胸があればなんとかなる」と説得した。

「ター坊の提案に、みんなすぐに納得したわけではないけどね」

「そりゃ、そうだろう」

大輔は当然だろうという表情をした。

「クラスのみんなは、英語を楽しそうに勉強しているター坊がカッコいいなあ、と感じてたのよ。そのター坊の思いが伝わってきて、みんな、やってみよう、という気持ちになったのだと思う」

「へえー、それでどんなことを話したんだ」

「うん、学校生活の中でワクワクしていることを話そうということになった」

「ワクワク……？　なんだ、そりゃ」

「わたしは、体育の授業でサッカーがあるときは、ワクワクするって話した。文法なんかメチャクチャで、片言の単語をならべて、身振り、手ぶりをしながら必死で伝えたのよ。そしたら、わたしの言いたいことがわかったみたいで、『オーワンダフル！　ミーツー』と返事が返ってきた。うれしかったなあ」

「おまえ、サッカーが好きなのか？」と大輔が聞いた。

「あのね、わたし、おまえという名前じゃないの。葵。お父さんは朝早く学校へ行って、帰るのがいつも遅いから、わたしのこと知らないでしょ。今はサッカーの話じゃなくて、わたしの思いが伝わったということを言っているの」と葵が口をとがらした。

「そうね。大ちゃんは、普段は家にいないことが多いからね。でも、最近は、家族がそろって夕食を食べられるようになって、うれしいわ」お母さんの由紀が微笑んだ。

というのも、三年前から残業時間の上限が定められた結果、遅くまで学校に残って仕事はできなくなったからだ。

「Omotenashi!」

大輔も家族そろって夕食を食べながら、子どもたちの学校生活の話を聞く時間に幸せを感じていた。なかでも葵は学校での様子を楽しそうに話をする。

「茶道をやっている写真を見せて、『これは何ですか?』と聞かれたこともあるのよ」

「茶道をやったこともないし、説明できなかっただろ」と大輔が聞いた。

「おとなりの長岡さんに茶道の歴史とか、茶道のどこがおもしろいの? とかインタビューし、ALTの先生に手伝ってもらって、英語に翻訳したりしたんだよ」

葵は、自慢そうに言った。

「へぇー、茶道のことをどう伝えたの」と大輔が興味深そうに聞いた。

「Omotenashi!」

「エッ!?」

大輔は、なんだそれはという表情をした。

「そうよ、Omotenashi!と伝えたのよ。そしたら、TOKYO Olympic!と返事されて、みんな大笑いだったわ」

「おとなりの長岡さんが趣味で茶道をされているので、葵に話を聞いてみたらってアドバイスをしたのよ。大ちゃん、仕事ばかりしているので、葵とろくに話もしたことないから、知らなかったでしょ」

由紀がちょっと皮肉っぽく話した。

「そうだよなあ。最近、長岡さんとも話をしていないなあ」

大輔は、すまなさそうに言った。

「ター坊のような発想と行動は、ＡＩ先生に難しいだろうなあ。親父はこんなおもしろいことやっているの？」と大翔が聞いた。

「おれだってプログラミング言語を使った授業や、実験もよくやっているよ。子どもたちも大喜びだよ」

「さすがね、大ちゃん」

「親父、やるねえ！」と、由紀と大翔がうれしそうに話した。

## 子どもから慕われていたター坊先生は、なぜ退職したのか？

夕方、帰ってきたときは元気だった葵はター坊のことを思い出し、だんだん寂しくなってきた。ター坊は、はじめて教える英語の授業をするために、通勤途中で英会話を聞いていること、飲み屋さんでは、わざわざ外国人の横に座って話しかけたことなどをとても楽しそうに話していた。

「フーン、一体、どうやって仲良しになるんだろう?」

大輔は、興味深そうな表情をした。

「すっごく簡単なんだって」

「簡単だって?」

「そうよ。『ヘイ、アイ　アム　タカハシ。ユー　アー　ナイスガイ』と声をかけて、握手を求めて、次にハグをする、だって」

「ハグって、抱き合うこと?」

「そうよ。お父さんが言うとなんかいやらしい感じがするけど、ター坊はちがうんだなあ、そこが」

「恥ずかしいだろう」

「だから、言ったでしょう。まずは、恥ずかしい、と思って何もしないんじゃなくて、とにかく、仲良しになりたいっていうことを身体全体で表現するんだって」

「ター坊、カッコいいなあ」

大翔も、微笑んでいる。

「でっ、その後は、どうするんだ」

「チアーズ、乾杯よ！」

「そうやって、飲み始めるのか」

「ウン、そうみたい。そのあとは、片言で趣味を聞いたり、日本に来た理由を聞いたりするんだって。そのときのポイントは、相手の人が話をするたび、手をこうやって広げてね」

葵は、高橋先生のまねをしながら、「オー、ワンダフル！」と声を上げて、両手を大きく開いた。

高橋先生は、「英語を使えるようになるには何かを伝えようとする気持ちをもって、チャレンジだ！」といつも言っていた。そんな先生を見ていたから、みんなは英語が好きになった。

葵のクラスは、やんちゃで元気いっぱいの子が多かった。でも、高橋先生は、いつも、子どもたちのことを見守ってくれていた。「ぼくは、みんなのことが大好き！」が口グセだった。

最初は、先生の言うことをなかなか聞かなかったやんちゃな子も、「大好き」って言われるたびに「キモー」と陰口を言っていた女の子も、次第に高橋先生が好きになっていった。

葵には、忘れられない思い出がある。葵は、だれにでも、「えっ、どうして、なぜ？」と聞くクセがある。でも、友だちからは、「あー、またあ。葵の『えっ、どうして、なぜ』がはじまった。しつこいなあ」といやがられて、仲間はずれになりそうになった。

そのとき、ター坊先生は、「葵ちゃん、なぜという疑問を持つことが自分を成長させてくれるんだぞ」と励ましてくれた。そして、道徳の時間に「人は、なぜ理由を知りたがるのか?」[10]というテーマの授業をしてくれた。

その授業で、いつもはニコニコしているター坊が、「ぼく、知りたがり屋です。そのために、本を読んだり、いろんな人とも会ってきました。それが、ぼくを成長させてくれました。ぼくは、それがじゃまされることに対して、人として許しません」と真顔になって話をした。

そのとき、葵は自分のことが認められたような気がしてとてもうれしかった。

でも、ター坊は、三月末で学校をやめてしまった。お父さんの介護があるから、という理由だった。

「ター坊の英語の授業、楽しかったなあ」

「そうだろうなあ。おれも高橋先生に出会ってから、先生になりたいなあ、と思うようになった。でも、親父の仕事ぶり見ていると大変に見えるなあ」と大翔が言った。

「大翔、学校の先生っていいぞ。子どもたちから『先生、勉強がわかった』って言われると、超幸せな気持ちになれるんだよ。そうだよなあ、由紀ちゃん」

「そうね」と由紀が懐かしそうに話をした。

「大ちゃんと知り合ったのは、夏休みに企画された合コンだったよね」

「あの頃、夏休みは余裕があったなあ。由紀ちゃんとは、先生同士の合コンで知り合ったたんだ」

「へえー、先生同士の合コン」と葵が珍しそうに言った。

「大ちゃんと私は同じ地域の学校だったの。それでさあ、おせっかい好きの先生が、『教員は、家と自分の勤める学校の往復ばかりで、人とつきあう幅が狭すぎる』とか言って、夏休みに近くの学校の知り合いの先生に声をかけて、合コンを企画してくれたの」

「それって、おかしくない。つきあいの幅が狭いんだったら、異業種交流会すればいいのに」

と大翔が笑った。

「たしかになあ。その頃は、スマホもなかったし、なかなか先生以外の人と知り合う機会がなかったからな。父さんが採用された頃は、夏休みには休める日が何日かあった[11]から、あの合コンをする暇もあったんだよな。ふだんは忙しいけど、教員っていいなと思った」

「へえー、先生にも夏休みがあったから、お父さんとお母さんが出会った。だから、わたしたちが今、ここにいるっていうわけね」と葵がニコッとした。

10 藤田耕司『リーダーのための経営心理学』(日本経済新聞出版社、2016)196~216頁。

11 ここでいう「休み」とは、教育公務員特例法第22条第2項「教員は、授業に支障のない限り、本属長の承認を受けて、勤務場所を離れて研修を行うことができる」を根拠にした研修のことを指す。

「葵ちゃん、すてきな言葉をありがとう！」と由紀がとてもうれしそうな顔をした。

「葵、かっこいいこと言うなあ。親父、夏休みには合コン以外にも、いろいろ遊んだんだろ」

「まあな。遊んでばかりじゃないよ。国立博物館に行ったり、子どもたちと川の汚れを調査したりして、二学期の授業の準備もしていたよ。あれは役に立ったなあ。今はそんな時間はなくなったけど」

「どうして、休めなくなったの？」と葵が聞いた。

「採用されて二年たったくらいから、校長先生が、なかなか許可してくれなくなった[12]」

「そうよね。大ちゃんと結婚する前あたりから、夏休み中も、授業があるときと同じように学校に来るように言われるようになったの。厳しくなったわよね。私は、いい頃に辞めてよかった。大ちゃん一人のお給料[13]で生活するのは楽じゃないけど、おかげさまで『子育て』に専念できたわ。大ちゃんには、ほんとうに感謝しています」と由紀がペコリと頭を下げた。

「その頃から、だんだん、忙しくなってきたからなあ」

大輔が残念そうな顔をした。

「大ちゃん、忙しいって、言わない約束しているでしょ。『忙』は、心を亡《ほろ》ぼすっていう意味だからね」

「あっ、由紀ちゃん、ごめん。ついつい口に出してしまうんだよね。気をつけなくちゃ」と今度は大輔が頭を下げた。

「どうしてター坊が退職したんだろう……」と葵がぽつりとつぶやいた。

「えっ、何が？　高橋先生は、お父さんの介護のために退職されたのよ」と、由紀が答えた。

高橋先生は、「英語の免許を持っていない教員を替えろ」というクレームがあったことをすごく重く受け止めていた。高橋先生は「子どもたちが英語を好きになるために、教職生活のすべてをかける」と決心した。妻と死別した高橋先生は、自分の父親の介護を一人でしながら仕事をしていた。二〇二一年四月から一日の勤務時間が最長の日で十時間になって以来、高橋先生は、お父さんの介護がとても重荷になっていた。そこに五年生の担任を受けることになり、英語の勉強も始めた高橋先生は、以前にも増して、仕事と介護の両立は難しくなっていった。でも、子どもたちにおもしろい英語の授業をしたいと願っていた高橋先生は、生きた英語を学

12　文科省は、2002年7月2日、「夏季休業期間等における公立学校の教育職員の勤務管理について（通知）」を発出し、完全学校週5日制の実施に伴う長期休業中の「まとめ取り方式」廃止に伴う長期休業中の「自主的な研修」についても抑制をかける指導を徹底した。
13　大輔は、25歳のとき、由紀と結婚した。その時の大輔の本給は20万5000円。平成15年人事院勧告教育職俸給表第三表をもとに筆者試算。

ぶために、夏休みを利用してオーストラリアに短期留学をした。

そのあいだ、父親は妹のもとで預かってもらった。慣れない環境で過ごすことになった高橋先生の父親は、一気に体調が悪化し寝たきりになった。もちろん、介護のための休暇を取ることもできた。しかし、教師という仕事が天職と思っていた高橋先生には、保護者からのクレームにこたえようと、寝る間も惜しんで必死に勉強することを選択した。

でも、父親の状態は悪くなる一方で、高橋先生の身体もボロボロになっていった。三学期が始まるときには、「この三月で教師を辞めよう」と決心をした。

由紀は、高橋先生が辞めた本当の理由を葵に言うわけにはいかず、自分の胸にしまっておいた。

「高橋先生のようなベテランの先生たちは、これから親の介護をしなくてはならない世代だからね。まあ、葵、元気を出せよ。今は、アイ先生に教えてもらうんだろ。楽しみができたじゃないか。」

「……」

葵は、返事をしなかった。高橋先生の影響は大きく、そして、突然の退職は葵にとってもショックだった。大翔にとっても、大きな目標がいきなりなくなった気持ちに襲われた。

その夜、大輔と由紀が二人きりになったとき、大輔がぽつりと言った。

「二年前、一年単位の変形労働時間制っていう変な制度が入ってきて、育児や介護がある先生は、どんどん辞めていくようになったなあ。高橋先生も、その制度の犠牲者だな」

「そうよね」と由紀も悔しそうに言った。

## 二〇二二年から育児や介護をしている教員にとって、学校はとても働きにくい職場になった

大輔は、一年単位の変形労働時間制導入にあたって、校長先生が、職員会議で説明した日のことをよく覚えている。それは、珍しく、職員会議が大紛糾したからだ。

それは、二〇二二年一月、三学期が始まる前の職員会議だった。その日は、普段は温和な校長先生が、ひどく緊張した表情で話し始めた。

「えー、来年度から、一年単位の変形労働時間制という画期的な制度が始まります。これは、国と県のえらい方々によって、先生方の長時間労働を解消し、生活にゆとりをもって働けるようにするためにつくられた制度です。教員

**一年単位の変形労働時間制のイメージ**

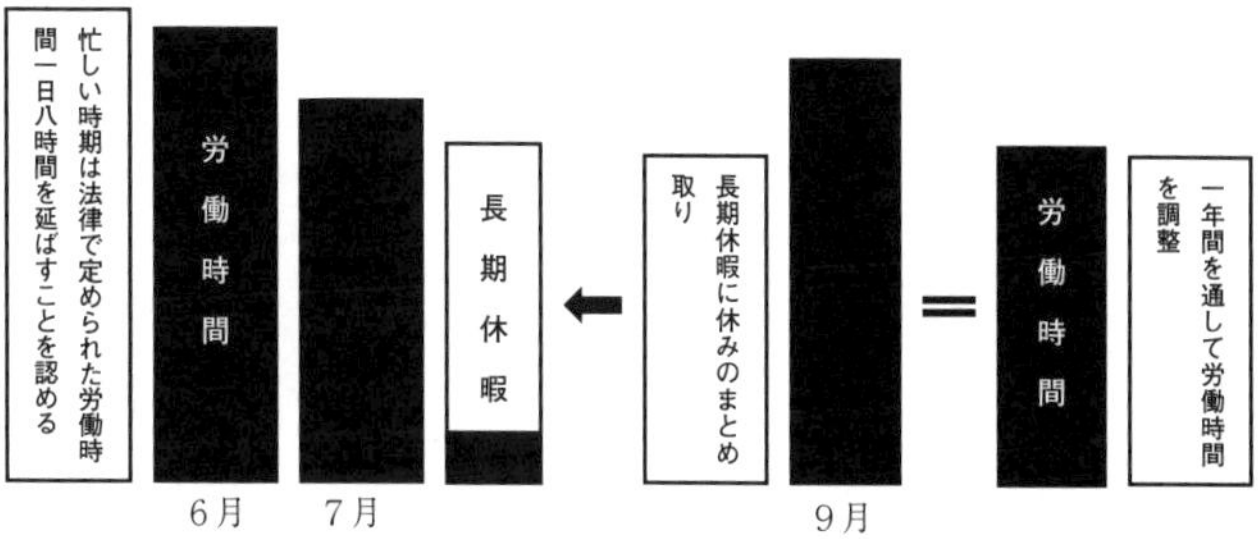


朝日新聞（2019年1月26日）に掲載された図をもとに筆者作成

の仕事は、授業がある間は、忙しいですが、夏休みは、比較的に余裕があるというか、ヒマです。そこで、学校行事などがあって特に忙しい四、六、十、十一月の計十三週間で勤務時間を週三時間延ばします。その分、夏休みの八月に五日間、休みをまとめて取れるようにします。一日の勤務時間を現在の七時間四十五分から最大十時間にまで延長できますが、先生方の疲労度を考えて、そのような延長は行わず、一週間の勤務時間が、五十二時間を超えないように調整します。また、先生方が夏休みに安心して休みがとれるようにするために学校閉庁日を設けます。

勤務時間を長くする日については、教頭先生がみなさんの事情を踏まえながら、決めます。そして、連続して勤務できる日は六日までですから、土日のいずれかは、必ず、休んで下さい。また、法律で定められた勤務時間の指針では時間外勤務は月四十五時間、年三百六十時間となっていることを必ず守って下さい。それを守ることがこの制度を入れるための条件となっています。

次に、一年間の総勤務時間は、二千八十五時間以内にしなければなりません。そのため、先生方は、出勤退勤の時間をエクセル表に正確に入力し、二千八十五時間を超えないように注意して下さい。二千八十五時間を超えそうになった場合は、早めに教頭先生に相談して下さい」

一通り、説明が終わった後、次々と質問が出た。こんなに多くの教員から声があがるのは珍しかった。

「指針にあるように時間外勤務を月四十五時間、年三百六十時間を必ず守って下さいと言われても、勤務時間終了後に部活動指導があり、それが終わってから、事務仕事や授業研究を行っているんですよ。そもそも仕事が多すぎます。無理ですよ」

「法律が現場の実態とあっていないんです」

「勤務時間が長くなる時期は、その分、学校にいる時間も長くなるじゃないですか。その疲れを、夏休みにまとめてとってほしいとは、とてももたないです」

「校長先生、夏休みがヒマと言われましたよね。私たちの勤務の実態を本当にご存知なのですか？　夏休み中だって残業していますよ。何を言っているんですか。撤回をして下さい」

厳しい声だった。

「昔とちがって、今は、研修だとか、部活動の大会だとか、二学期の授業の準備は夏休み中にやっているんですよ。」

「本当に夏休みに休めるのですか？　中体連の大会や研修はどうなるのですか？」

「授業時間の確保のために、夏休みの期間も短くなっているじゃないですか。休みのまとめ取りの五日間なんて無理ですよ。仮に、休みが取れなかったらどうなるのですか？」

「子どもを保育園に通わせています。夕方は六時までしか預かってもらえません。一体、どうすればいいんですか。

「親の介護をしています。夕方までヘルパーさんをお願いしていますが、これからは、夜もお願いしなくてはならなくなる日もあるということですね。でも、一日の拘束時間が十時間になると、親の介護ができなくなります」

「ほんとに一人ひとりの事情を踏まえて、勤務時間を決めてもらえるのですか？」

「こんなに子どもの問題行動が多い学校なのに、前もって、しかも、一か月前に、毎日、毎日の勤務時間をあらかじめ決めるのは、非現実的すぎますよ」

「民間では、こういう制度を入れる時は、労使で協定を結んで、労働基準監督署に届けることになっていると聞きましたが、そのような手続きはしなくていいのですか？」

「教員以外の地方公務員にも、同じ制度が入ったのですか？」

「土日の部活動指導のために学校に来た日はどうなるのですか？」

多くの質問を受けて、校長先生は、困ったような表情になった。

「えーまー、先生方のご心配もわかりますが、国と県、そして教育委員会で決めたことですから、守っていただきます。

保育園や介護の件ですが、そういう特別の事情がある先生には、できるだけ配慮をすることになっていますからご安心下さい。しかし、時には長く勤務をしてもらう場合もあると思いますので、夕方遅くまで預かってもらえる保育園を探してもらうしかありませんね。介護をされている先生も、ヘルパーさんやご家族ともよく相談して下さい。

土日の部活動指導は、私が命じた勤務ではなく、みなさんが自主的にされている活動なので、土日に部活動指導のため出勤されても、休日扱いということになります。

教員は、夏休みがあり他の地方公務員さんと比べて特殊な働き方をしているという理由で、教員だけこの制度が入りました。また、教育委員会からは、労使協定を結ぶことは法律で禁じられているので、管理職の判断で決めて下さい、と指示されています。とにかく、もう決まったことですから、ご協力をお願いします」

校長先生の説明が終わった後、子育て、介護をしている教員の中には、泣き出す人もいた。職員室中が、シーンとなった。

その後も、次々と心配の声が上がったが、校長先生は、「教育委員会に伝えます」「協力をお願いします」としか言わなくなった。最後には、「先生方は、専門性があり、特殊な仕事だということをもっと自覚して下さい。それと、国と県、教育委員会で決まったことを守るのが公務員です」と開き直った。

職員会議後、全員が不愉快な気持ちになった。さすがに、大輔も、この日の校長先生の説明は、まったく納得がいかなかった。職員会議後、憔悴しきった校長先生を見ていると、説明した本人も辛かったのでは、と感じた。

一年単位の変形労働時間制が始まった二〇二二年四月以降、教頭先生の仕事は、もっと増えた。仕事が減ったわけでもなく、平日の拘束時間が増えただけだった。土曜日や日曜日の部活動指導もあり、これまで以上に、夏休みになる前に、体調を崩し、病気休職に入る教員が増えた。土日の部活動は、どちらか一日は休むよう通知が出されていたが[14]、自主練習と称して、両日とも部活動をする部もあった。

以前よりは、夏休み中の中体連などの試合は減った。しかし、授業時間数を確保するために、八月末までだった夏休みが、一週間短くなった。結果的に、多くの教員は、学校閉庁日の日も出勤して、二学期の準備をすることとなった。

二学期に入ると、翌月の勤務時間を決めるのも、いい加減になってきた。十一月終わりくらいになると、「二千八十五時間を超えそうです」という教職員も出てきた。教頭先生もどのように対応をしていいのか、わからなくなった。教育委員会に問い合わせても、「各学校で適切に対処して下さい」という返事しか返らなかったみたいだった。

結局、一年間で二千八十五時間ぴったりになるように出退勤記録を改ざんせざる得なかった。

その年度末に、「教員の長時間労働解消につながる～一年単位の変形労働時間制の効果あり～」という見出しの記事が地元新聞紙に掲載されたが、校長、教頭をはじめ改ざんをした多くの教員は、ばれはしないかとびくびくしていた。

## AIロボット先生、1時間目の授業がはじまる

大翔は、「なぜ、あけぼの小学校にAIロボット先生がやってきたんだろ」[15]と思いながら、スマホでググってみた。

今日から、全国二百校の小中学校に、AIロボット先生が赴任した。国の一大プロジェクトとして、AIロボットが先生として子どもたちを教える実験がスタートしたのだ。文部科学省・経済産業省・総務省が協力してAIロボット開発を進めてきた。AIロボット先生は、正確な知識を、効率的に教えることが期待されている。

AIロボット先生を小学校での英語授業に活用する小学校もあった。授業で教えたことや復習ドリルはその日のうちに各家庭にメール配信され、家庭学習の充実につながると想定されて

14 スポーツ庁（2018）「運動部活動の在り方に関する総合的なガイドライン」
15 教育文化総合研究所『教育と文化』90号（2018）10～15頁。

いる。

「へえ、あけぼの小学校もその一つになったわけか。ＡＩロボット先生が英語の授業をするのか、葵は実験用モルモットだな」

大翔が冷やかしながら言った。

「こら、葵はモルモットじゃないんだから……」と大輔が言った。

「モルモットっていう言い方はやめてよ。でもさあ、家でもスマホを使って授業の復習ができるそうよ」と由紀はうれしそうに話した。

「あーあ、まいったなあ。私は、モルモットなの。なんかいやな感じ」と葵は口をとがらせた。

「家に帰っても、学校の延長戦かあ。お気の毒に」と大翔が笑いながら言った。

「おにいちゃんだって、家で勉強しているでしょ？　同じことじゃん」

「ちがうよ。おれは、学びたいことを、学びたい場所と時間を自分で選べる通信制高校に行っているの。人から言われて勉強しているんじゃないんだぜ」

と誇らしげな表情をした。

「母さんはいいと思うな。学校でも、家でもＡＩ先生が教えてくれるわけでしょ。葵は英語もスマホも大好きだから、もっと英語の勉強ができるようになるかもよ」と励ましてくれた。

## フジカワ先生の授業が始まった

フジカワ先生は、六年生の英語と算数の授業を受けもった。

モデル的な導入ということで、三人のＡＩ先生は、人間の先生と一緒に授業を持つこととなった。でも、メインはロボット先生。人間の池田先生がサポート役だった。

池田先生が、「ハイ！　ハロー」とニコニコしながら手をふった。

「Hello! Nice to meet you. I am Shinji Fujikawa」と声をあげると、ラップ音楽がなりはじめた。

フジカワ先生が「Let's dance!!」「Stand up!」とよびかけ、手をあげたり、足をあげたり、ぎこちなく、からだをクネクネさせてダンスをはじめた。

葵は、ポカーンとしていた。

となりの和也が、「あおい、おもしろそうじゃん、やろ、やろ」と立ち上がった。

「ヤッホー」「ハロー」「ヘイ」……、みんな楽しそうにおどっていた。

フジカワ先生は「OK! Wonderful!」「What is your name?」と声をかける。

池田先生が、「みんな自分の名前をおおきな声で!!」と話した。

「マイ　ネイム　イズ　ヨウスケ」

「アイ　アム　カズヤ」

……それぞれが自己紹介を口々にした。

「OK!」「Sit down」「Please be quiet」

「We are now reviewing what we learned in the previous year. Please put on headphones」

池田先生が、「これから五年生のときの勉強がどこまでできるようになっているかテストをしますよ、みんな、イヤフォンマイクをつけて、タブレットを見て下さい」と言った。

みんなから、「エー！」「そんなの聞いていないよ」という声が上がった。池田先生は、一瞬困ったような表情になった。隣のフジカワ先生は、何が起こっているのかわからないのか、ポカーンとしていた。

池田先生が、「みんなが英語ができるようになるための復習の時間なんだから、がんばってやりましょうね」と一生懸命、説得を始めた。

フジカワ先生は、子どもたちのとまどっている様子を気にすることもなく、ニコニコしながら「Let's study」「Go! Go!」と声を上げた。

タブレットに、問題が表示された。

「Lesson 1　名前と年れいを言ってみよう」

タブレットには、タイマーも表示され、十秒以内に答えないと、フジカワ先生の笑顔とともに「Fight!」という文字が出てくる。

「ヘエー、おもしろ!」と和也が声をあげた。その声に、ハッとしたのか、とまどっていた子どもたちも、だんだん真剣な表情になってきた。

「I'm Aoi. I'm eleven years old」

タブレットに発音の結果が数字と色で表示される。うまく発音できていない単語は、赤く光る。[16] 点数が低いと「もう一度、発音してください」と表示されて、また、発音する。四度目で正確な発音になったので、「Good」と表示された。葵は、思わず、ガッツポーズをした。

「Lesson 2 好きなデザートを言ってみよう」

リンゴ、バナナ、メロン、オレンジ、ブドウなどの絵が現れた。そのなかで、好きなくだものを英語で発音する。

「I like apple」

「Lesson 3」

「Lesson 4」……

次々と問題が出され、それに答えていく。早く答え、正確な表現と発音が求められる復習テ

16 松本秀幸『スマホ3分間英語学習法』(秀和システム、2017)130〜137頁。

ストだった。「できない」という声も上がっているけど、そのときは、ヒントも表示されるみたいで、「できた！　できた！」という声に変わっていく。

教室中は、タブレットとにらめっこしながら会話する声に包まれた。

「キーン、コーン、カーン、コーン」

あっというまに授業が終わった。

葵は、グッタリした。でも、ＡＩ先生は、自分がつまずいているところ、できなかったところをテキパキと教えてくれるし、正確な発音になるまで、くり返し教えてくれるので、授業が終わったときには、「よくできたなあ」という気持ちもわいてきた。

「ただいま～」

「おかえりなさい。葵、すごいじゃないの」

「なにが？」

「学校から今日の英語の授業でどこまでできたか、メールが届いてるわよ。葵もけっこうやるわね。しかも、葵の五年生のときの復習テストのクラスの平均点数は、全国平均以上なんだって」

「なに⁉　今日の英語の授業のことがそうやって親に伝わるの。いやだなあ」

「いいじゃないの。五年生の復習テストの点数がよかったのは、高橋先生のおかげね。さすがだわ」

そう言われると、いやな気分はしなかった。

「葵は、LとRの発音がうまくできないので、家でも復習をしてくださいっていう連絡も来てるよ」

「はあ……!?」


なんかすっきりしないものを感じた。

たしかに、授業中は一生懸命勉強したし、正解だったときはすごくうれしかった。でも、ター坊先生の授業とは何か、ちがうような気がした。

ター坊は、授業中にほめるときは、くしゃくしゃの表情になってほめてくれた。そして、勉強が苦手な子どもたちは、「ター坊、わかったよ！」と声をあげると、「よくやったね！」と本当にうれしそうにほめていた。

ときには、教科書を読みながら、「なるほど、そうか」と言ったきり、感動したような表情をよくしていた。そして、「ほー、すばらしいなあ。ぼくも、はじめてわかったよ」などと子どものようにはしゃいでいた。

そのときその時間、葵も、うれしくなった。なんか、感動した。

「先生なんだろ。なんでもわかるんじゃないの？」とやんちゃな子どもがちゃかすと、「そりゃないよ。わからないことだらけ。今日も、こうやって、みんなから学んでいる。これが、ワクワクするんだよ」とニコニコしていた[17]。

葵にとって、ター坊先生が「何かをわかったときに見せる無邪気に喜ぶ姿」は憧れ[18]になっていった。

I don't know ゴッド　ゴッド　ウォーク

葵は、フジカワ先生の授業にも、だんだん慣れていった。フジカワ先生から、「グッドジョブ」という単語を聞いた。それが、フジカワ先生からほめてもらったことだとわかったとき、はじめて葵はうれしくなった。

その夜フジカワ先生にほめてもらったことを大輔も、由紀も喜んでくれた。ただ、大翔は、「正確な表現、発音ができるようになることと、外国人とのコミュニケーション力がアップすることとはちがうと思うけど……」とチクリと言った。

「なに言っているのよ。せっかく、ほめてもらったのだから、やる気をなくすようなことを言わないでよ。正確な表現、発音ができる力って必要じゃない。大翔だって、英語の発音は下手くそじゃないの」と由紀は思わず口に出していた。

ある日、葵は、友だちの一綺と近くの神社に行った。葵が神社のシーンとした雰囲気が好きだというので誘ったのだった。

神社の近くまで行くと、通りかかった外国人から、

「Why are you not walking in the middle of the path to the shrine?」と聞かれた。

「?・?・?・?・?・?・?・?・?・?・?・」

横にいた日本人が「どうして、神社へ行く道の真ん中を歩かないんですか?」って聞かれているよ、と通訳してくれた。

一綺は、正確な発音で「I don't know!!!」「I don't study!!!」と話した。英語の授業を通じて度胸がついてきたのか、物おじすることはなかった。

葵は、「あのー、えーと　ゴッド、ゴッド、ウォーク、ウォーク　セントラル!!」と、身ぶり、手ぶりを交えながら説明をはじめた。

---

17 齋藤孝『新しい学力』（岩波書店、２０１６）95頁。

18 前掲書１６３頁、「教育の根本的な原理は『憧れに憧れる』関係性にある」とし、教師の何かへの強い憧れが、「子どもたちの憧れを喚起する」とある。

何のことかわからなかったのか、外国人は首をかしげていた。

葵は、地面とお社のほうをかわるがわる指さしながら、「ゴッド　ロード！」「ゴー　ツー　ゴッドハウス」と言った。

すると、「Oh! Thank you!!　I uncerstand that the middle of the path to the shrine is for the gods」と外国人が言った。

通訳の人が「この道の真ん中は、神様が通る道なのですね。よく知っているね」と説明してくれた。

葵は、神社のシーンとしたところがすごく気に入っていること、神社のことを調べるのが好きだと説明した。

「シャリーン、リラックス　アンド　アイ　ライク！」

外国人と通訳の人は、葵にニコニコと手を振りながら参道を歩いて行った。

一綺は「あおいちゃん、めちゃくちゃな英語だね。それにしても、ほんと、度胸あるね」とびっくりしていた。

葵は、「英語は道具。自分のなかに伝えたいこと、わかってほしいことがあるかどうかが大切なんだよ。その思いをまず、自分で表現してみて、それが伝わったという経験の多さが英語の力を上げる」というター坊の言葉を思い出した。

「もーいやだ！」突然、恵子ちゃんが泣き叫んだ瞬間、AIロボットは動かなくなった

次の日の授業、いつものように、みんな一生懸命タブレットを見ながら勉強をしていた。すると、となりに座っている恵子ちゃんが、「もーいやだ！」と叫んで、タブレットをこぶしでたたきはじめた。

何が起こったのか？

フジカワ先生は、ポカーンとして、動作が止まった。その瞬間、みんなのタブレット端末の表示も消えてしまった。

池田先生が、「どうしたの？　恵子ちゃん」

「だって……」

と言ったきり、シクシクと泣き出して、教室を出て行ってしまった。

恵子ちゃんは、すごい頑張り屋さん。どんなことでもあきらめずに、できるまでやろうとする子。

それだけに、がんばってもできないときには、ときどき、かんしゃくを起こしてしまうことがある。恵子ちゃんが五年生のときの担任も高橋先生だった。かんしゃくを起こしそうになる前に恵子ちゃんの雰囲気を察知し、「あきらめずによくやっているねえ。でも、しんどくなっ

2020年4月からの小学校6年生の授業時間割例と
学級担任の所定労働時間内勤務における時刻例

| 時刻 | | 月 | 火 | 水 | 木 | 金 |
|---|---|---|---|---|---|---|
| 始業 8:15<br>8:25 | 朝学習 | 読書 | 児童集会 | 計算 | 漢字 | 読書 |
| | 1時間目 | 総合 | 特別活動 | 国語 | 総合 | 算数 |
| | 2時間目 | 書写 | 家庭科 | 算数 | 算数 | 外国語 |
| | 3時間目 | 社会 | 算数 | 体育 | 道徳 | 音楽 |
| | 4時間目 | 算数 | 国語 | 社会 | 体育 | 国語 |
| | 5時間目 | 国語 | 理科 | 理科 | 社会 | 図工 |
| | 6時間目 | 外国語 | 音楽 | 理科 | クラブ／委員会 | 図工 |
| 15:15<br>15:45 | 放課後 | 30分 | | | | |
| 休憩 | | （労働基準法上の休憩45分） | | | | |
| 16:30<br>終業 16:45 | | 15分 | | | | |

毎日、教員は職員会議以外の作業を始業前、就業後に行う。その場合、「教員が好きでやっている作業」であり、労働（勤務）ではない。そのため、残業代を含め、金銭的な対価はない。

内田良（名古屋大学准教授）が作成した図を一部、筆者が修正

【空き時間の作業】

- ●職員会議
- ●学年会
- ●校務分掌の作業・会議
- ●校内研修
- ●学級事務
- ●学校行事の準備
- ●学習指導
- ●生徒指導
- ●保護者対応
- ●宿題や連絡帳等提出物の確認
- ●テストの作成・採点
- ●授業準備（各教科・活動）

たら、休んでも大丈夫だからね」とすぐに声をかけていた。

今日は、なかなか、VとB、AとOの発音が正確にできなくて、何度も何度も練習していた。でも、「Good」をもらえなくて、涙が止まらなくなったみたいだった。

昼休憩。葵は恵子ちゃんに「発音が正確にできなかったからといって会話ができないわけじゃないんだから、ドント　マインド」と声をかけた。

恵子ちゃんは「お宮での話も聞いたよ。あおいちゃんはいつもチャレンジャーだね。でも、わたしは、正しい英語の発音や表現をしなければと思い始めたの。特に、六年生になってから……。

英語ができるようになるのはいいけど……。五年生のときの英語の授業はおもしろかったし、楽しかったから、もっと勉強したいという気持ちがいっぱい生まれてきた[19]。でも、その気持ちがなくなってきそうで……。わたしやっぱりだめな子ね」と悲しそうに話してくれた。

二〇二〇年から小学校五年生、六年生は、毎日六時間授業になった。以前から、教員の授業準備の時間が取れない実態があったが[20]、現在ではさらに深刻化し、教員は疲れ果てていた。さらに、子どもが疲れているという調査結果もあった[21]。

19 朝日新聞、2018年7月9日。
20 内田良『教員の多忙　授業準備できず』(2017) https://news.yahoo.co.jp/byline/ryouchida/20171008-00076667/(最終確認日2018年11月4日)。
21 博報堂こどもこそだて研究所(2016)。小学校高学年では3人に1人、低学年でも5人に1人が、「疲れている」とママが実感、ママが考える疲れの理由は、「勉強や習い事が多い 43・0%」がトップとなっている。

## コラム・なぜ、ロボット先生が登場することになったのか?

一つのきっかけとなったのは、教員たちの長時間労働問題だった。今では、学校は「ブラック職場」とも揶揄されるようになっていた[22]。

二〇二〇年から小学校高学年での英語教育、プログラミング教育などなど、教員たちの教える内容はどんどん増えていった。教員の長時間労働を解消するために必要な定数改善などの抜本的な施策を講ずることはできなかった。

小学校五、六年生の外国語授業では、音声や文字・語彙・表現・文構造・言語の働きなどについて、日本語と外国語とのちがいに気づき、これらの知識を理解するとともに、聞くこと・読むこと・話すこと、書くことの四つの領域において基礎的な技能を身に付けるようにすることとされた[23]。当然、授業を担当する小学校教師にも、そのような力を持つことが求められる。しかし、現実は、目標を英検準2級程度に設定している教員養成大学があり、政府部内で問題視した。[24]教員養成段階で英語力を十分培うような教員養成の仕組みは整っていなかった。

そのため、小学校ではじめて英語を教える教員は、一生懸命授業の準備をし、休日に英会話教室に通ったり、短期の海外留学をする人もあった。英語を担当する教員は、英語の授業に対して不安を抱いている割合が高く、[25]肉体的、精神的負担、そして金銭的なすごい負担がかかった。

二〇二〇年から、中学校三年生で英語の学力テストが始まった。それを分析し、一人ひとりの生徒がどこでつまずいているかがはっきりとわかるようになった。その結果、英語の授業を受け始めた小学校五、六年生のときに学んだ内容が十分、定着していないことがわかった。特に、小学校時代に習った発音や表現の正確性に課題があることが明らかとなった。この結果が公表されて以降、小学校教員の英語力が問題となり、研修の回数が増やされ、小学校教員はさらに追いこまれていった。

教員の数を増やせればいいけど、国家財政が厳しいという理由で、それも実現できていな[26]

22 週刊東洋経済「学校が壊れる――学校は完全なブラック職場だ」(2017)。
23 文科省「小学校学習指導要領解説」(2017)。
24 財務省財政制度等審議会「財政制度分科会」配布資料「文教科学」(2018年4月17日)44頁。
25 松宮新吾「小学校外国語活動担当教員の授業指導不安にかかわる研究:授業指導不安モデルの探求と検証」(『関西外国語大学研究論集』第97号、2013)。

かった。仕事が増えても給料が上がるわけではないので、教員という仕事はますます不人気になり、「いい人材が集まらない」「教育の質が低下する」などの問題も大きくなった。

疲れを知らず、最先端の知識をどんどん吸収し、わかりやすく子どもたちに教えるには、どうすればいいのか？

年々、増える調査・報告物、書類などの処理能力を向上させるにはどうすればいいのか？

そこで、東大出身の優秀な官僚、民間企業や大学の技術者、教育学者・心理学者も参加した「ＡＩロボット先生プロジェクト」が発足した。国家の一大プロジェクトとして、数年かけて研究開発がすすめられ、今年から学校に試験的に配置されることになった。

ＡＩロボット先生の授業で、子どもたちの英語力がどこまで向上したのか、子どもたちがよくつまずくのはどんな点か、プログラムに保存されていないような事態が起こったときの映像など、そのデータは逐一、文部科学省と経済産業省に集められる。東大出身の官僚らによるプロジェクトチームで改善点を分析、ただちにＡＩロボット先生にフィードバックされるシステムも整っている。ＡＩロボット先生は突発的な出来事の事例を数多く記憶し、子どもたちへの対応能力を日々、向上させていった。

しかも、一人ひとりの子どもの学習記録は、ビッグデータとして集積され、学術研究の資料として活用される。

ＡＩロボットには、「人間の感情はわからない」「あたたかみがない」などなど、批判の声が多くあった。しかし、ソフトバンクの孫社長が

「心をもつロボットをめざしたい」と語ってい[27]たように、ＡＩロボット先生は、人間の感情を感じるまでになっていた。「集中している」「気が散っている」「受け身な状態」の三つの心理状態がわかる。でも、三十九人全員の子どもたちのちょっとした表情の変化を読み取るところまでには至っていない。ましてや、突発的な出来事や、子どもの学習の様子を察知し、適切に対応するところまでには達していなかった。

　ＡＩロボット先生の授業の特徴は、子ども一人ひとりの英語力に合わせた個別的、効率的な学習スタイルだ。子どもたちは手元のタブレットで質問に答え、イヤフォンマイクを通じて会話の練習をする。

　ＡＩロボット先生の授業を受けたそれぞれの子どものつまずきや疑問、日々の子どもの到達段階がデータ化される。全データはその日のうちに集計・分析され、翌日には、ＡＩロボット先生がそのデータを活用して授業をする。

　家庭でも、スマホを使って授業の復習ができるシステムもあり、子どもの自宅学習時間もわかるようになっている。これから、この画期的なシステム導入で、英語力はどんどん向上していくだろう。教員の負担軽減につながることも期待される。

　数年後には、人間を超えるスーパーティーチャーが出現するだろうか。

---

26 神田眞人『強い文教行政、強い科学技術に向けて』（学校数理研究会、２０１３）３３６～３６６頁。

27 孫正義、２０１４年６月５日。

# 第2章　大輔に異変が見られるようになった――教員は「めっしほうこう」だ

「先生が足りない!!　先生は大変だ!」でも、そんなことを保護者に言ってはならない

先生の数が足りない！　大輔は、必死にそれをカバーしていた。

六月のある日、大輔は、十一時過ぎに帰ってきた。五月連休明けから、同じような日が続いている。

「ただいま」

疲れた声だった。

「大ちゃん、お帰りなさい。先に夕食にする、それともお風呂?」

「そうだな。先にお風呂に入るよ」

お風呂から出てきた大輔は、少し元気が出たように見えた。

ついこのあいだまで、「あー腹へった。由紀ちゃん、ごはん、ごはん」と言っていたけど、今夜も食欲がないみたいで、少ししかご飯を食べなかった。

「大ちゃん、大丈夫？　疲れているんでしょ。まあ、明日は土曜日だし、ゆっくり休んだら」

と心配そうに由紀が声をかけた。

「あー、部活の指導があるから、明日、朝、いつも通り出勤する」

「えっ!?　大ちゃん、五月連休明けから、土日全部、部活指導で学校へ行っているじゃないの。少しは休めないの？」

「仕方ないよ。大丈夫……、心配しなくても」と大輔はつくり笑いをした。

「前の学校に勤務していたときより、少しは早く帰れるし、土日の出勤も減ってきたのに。この頃、帰宅が遅くなってきたし、土日の部活指導が続くようになってきたじゃない」

「今日は、若い先生の悩み相談にのっていたんだよ。いろいろ愚痴を聞いてあげていたんだよ」

「大ちゃん、さすがね。前の学校でもそうだったからね」

「ありがとう」

「でもねえ、土日も出勤。平日も毎日、十〜十一時過ぎに帰宅。ちょっと、ひどすぎるんじゃないの？　何より、大ちゃんの身体のことが心配だわ」

「とにかく、忙しい……。あっ、言っちゃった。今日だけは、ごめん。ほんとに今、大変なんだ」

「何が、大変なの？」

「新学期が始まって三か月たつけど、新しい先生が来ないんだよ」

「どういうこと、それ？」

「だから、先生が見つからないの」

「エッ、『先生が足りない』って、テレビニュースで報道されていたことがあったけど[1]、まさか、大ちゃんの学校でも、そうなの」

「そうだよ。五月連休明けから身体をこわして休む先生が二人、親の介護で中途退職の先生がまた一人出た。非常勤採用の先生が二人見つかったけど、あと一人見つからない。おれと一緒にバスケット部の顧問をしていた先生がアキレス腱を切って、一か月休むことになったんだ。それまでは、その先生と一緒にバスケット部の顧問をしていて、部活指導は交代でやっていた。でも、今は、おれが平日、土日も部活動指導をすることになった。子どもたちは試合を楽しみにしているし、親からも期待されているし、どうしようもないよ」

「だったら、保護者にも理由を話して協力してもらうとか、教育委員会にお願いして、外部から指導できる人を呼んでもらうとか。数年前に、文科省がそういった方針を示したとき[2]、大ちゃんは、これから部活動指導の負担も少しは減るなあ、と喜んでいたじゃない。大ちゃんのように『部活大好き先生』にとっても負担になっているのだと思ったわ」

「あー、その頃は、剣道部の顧問だったときだったなあ。すごく期待したけど、教育委員会は外部指導員を配置するお金がないというので実現しなかった。自腹で指導法を勉強したよ」

「そうよね。まだ三十代で、大ちゃんも元気だったしね。よくやっていたわね。でも、そんなに若くないいんだから……」

「今、おれの学校に来ている外部の部活指導員は二人。文化部も入れて十二の部活があるんだぞ。部活動を外部の人に任せられるようになるには、あと何年もかかる[3]。諦めているよ」と吐き捨てるように大輔が言った。

「部活指導の負担が重すぎるので、土日の部活のどっちかでも休みたい[4]、なんて親に言ってみろよ。すぐに、クレームの電話がかかってくるよ。このあいだなんか『税金で飯を食ってい

1 NHKニュースおはよう日本、2017年7月4日。https://www.nhk.or.jp/ohayou/digest/2017/07/0704.html(最終確認日2018年11月5日)。
2 2017年4月より、文科省は、教員の負担を軽くしたり、部活動を安定的に運営したりするため、部活動の指導や大会への引率ができる「部活動指導員」を学校教育法に基づく学校職員として位置付けた。
3 文科省は、2018年度、部活動指導員を4500人配置した。
4 スポーツ庁は、2017年11月、公立中学校の運動部活動で、顧問を担当する教員の半数が疲労を訴えていることを公表した。公立中の平日の活動日数は休みなしの5日が52%と最も多く、4日が41%だった。活動時間は2~3時間の46%が最多で、1~2時間の26%が続いた。土曜の活動については、「原則毎週」が69%で、「3週程度」も16%。日曜は「原則毎週」が32%だった。

る公務員なんだから、納税者の要望を聞くのは当たり前だろ。うちの子どもは部活動を楽しみにしているのよ』って怒鳴り込んできた親もいたよ。由紀ちゃんはおいしいランチを食べてきた、とよく言うけど、その度に、学校の先生のうわさ話で盛り上がっているんだろ」

「たしかに、以前はそうだったわ。でも、大ちゃんの仕事ぶりを話したら、友だちは、親も学校ばかりに無理は言えないよねって、言ってくれた。だから、みんな知らないのよ。教員の仕事の大変さを」

結婚して初めて、大輔が大声で怒鳴った

「だれがそれを伝えるんだよ」

「先生たちが黙っていたら、世の中に伝わらないじゃないの。少しは勇気を出して言ったら。大翔がやっている高校生平和大使の高校生だって、『一人ひとりの力は微力ですが、無力ではありません』って信じて活動をしているでしょ」

「わかっているよ。でもなあ……」

「大翔も葵も大好きだった高橋先生が学校を辞めた本当の理由は、お父さんの介護だけじゃなかったらしいのよ。保護者から『英語の免許を持たない教員を替えろ』と言われたことを聞いた高橋先生は、必死になって英語の勉強をされたみたい。でも、一年間それを続けて、燃えつきちゃったらしいのよ。あんなに素敵な先生でも結果的に退職に追い込まれるなんて、おかしいでしょ」

「なんで、由紀ちゃんが、そんなことを知っているんだ。また、ママ友とのランチミーティングでの話か。高橋先生は運が悪かったか、体力がなかったんだな」

由紀は、驚きと困惑が入り混じった表情になった。

「大ちゃん、どうしたの？　高橋先生は、大翔の命の恩人よ」

一瞬、大輔の表情が硬くなった。取り返しがつかないことを言ってしまったという沈痛な表情になった。

「そうだった。おれはなんてことを言ったんだ」

大輔は、がっくり肩を落とし、下を向いた。

「大ちゃん、高橋先生のような子どもたちに好かれていた先生だって辞めているのよ。私たちにできることは何かしようよ。恩返しよ。その一つが、大ちゃんが声を上げることじゃない

5　ベネッセ教育総合研究所・朝日新聞社共同調査「学校教育に対する保護者の意識調査２０１８」では、部活動が子どもの成長に「役に立っている（とても＋まあ）」と考える保護者は92・３％であった。部活動の日数は減らしたほうがよいは27・９％だった。

かなあ」

「そりゃそうだけど……」

「なんとかしようよ。黙っていないで、保護者にも『ＳＯＳ』と言ったらどうなのよ。私も手伝うわよ」

「由紀ちゃんに何ができるんだよ。おれに、それを言えっていうのか？　おれは、若い先生の手本だから学校ではいつもニコニコ、がんばっている姿を見せなければならない立場にある[6]。今の学校に赴任したときも、校長先生からは『子どものためにがんばることが教員の仕事だということを、若い先生にもしっかり伝えて下さい』と期待の声をかけてもらっている。今、おれががんばらなくちゃ！」

　大輔の声がだんだん大きくなってきた。

勉強部屋にいる大翔、葵たちにも聞こえてきた。二人は、ター坊先生が学校を辞めた本当の理由を知ってショックだった。それに、お父さんの様子がおかしいことも気になった。子どものために情熱をかけていたター坊が辞めるなんておかしい。

「そうはいっても、この一か月、一日も休んでいないのよ。疲れがたまるのは当たり前じゃないの。誰かに代わってもらえないの。本当に大ちゃんのことが心配だわ」

「だから、言っただろう。自分の立場では『大変ですから、応援してください』とは言えないって！　何、聞いているんだ。もう話もしたくない。明日は早く学校に行かなくちゃならない。もう寝させてくれよ！」

いきなり、大きな声を上げた大輔に、由紀はこれまでにない不安を覚えた。大輔が大声を上げて怒鳴ったのは、結婚して初めてだった。由紀は、しばらく呆然とした。

「大ちゃん、大ちゃん、どうしたの？　大丈夫？　あなたらしくないよ」

二人のあいだに沈黙が続いた。「頼むから、とにかく休ませてくれよ」と、大輔は力なく言った。

翌朝、子どもたちが目を覚ましたとき、大輔はもういなくなっていた。

三人で朝ご飯を食べながら、「おやじ、だいじょうぶか」と大翔がポツリと言った。

「そうねえ。昨夜は大ちゃんらしくなかったわね。最近、イライラしたり、すぐにキレるようになったわね」

由紀は心配そうに言った。

---

6　真金薫子『月曜日がつらい先生たちへ』（時事通信社、２０１８）31〜32頁。

大輔は、日曜日も大会の引率をするために早朝出勤した。

帰宅したときは、ホッとした様子だった。

由紀が「大ちゃん、お疲れさま。ビールでも飲む！」と言いながら、コップとビールを食卓に用意した。

「あー、うまい！」

大輔はホッとした表情で飲み干した。

大翔と葵はお父さんが元気そうになっているので、少し安心した。

「子どもたちがよくがんばってね、全勝だよ。『先生、勝ったよ！』って聞くと、疲れもふっ飛ぶよ」

「そう、よかったわねー。大ちゃんが一生懸命だからよ」

「試合について来た保護者からも、『先生、ありがとうございます。次の試合でも勝てるよう、鍛えて下さい』と、激励されちゃったよ。ますます休めなくなった」

大輔は、苦笑いをした。

「そうよね、でも、ほどほどにね」

「身体がしんどくても、子どもが喜んだ顔を見ると、がんばらなくちゃ、と思うよ。それに、元気も出るし」

「ならいいけど。でも、試合が終わって、少しは休めるの？」

「実は、今週水曜日から、修学旅行の引率に行くことになった。今休んでいる先生の代わりの先生が見つからないので、ベテランの力が必要だからだって、校長先生からも頼まれた」

「えー、断りなさいよ。大ちゃん……」

「楽じゃないけど、人が足りないのだから」


数年前、教員の長時間労働などが社会的な話題を呼んだ頃から、全国各地で教員不足が続いていた。[7] 四月から一か月にわたり英語の授業をできなかった中学校もあった。[8]

「新学期になっても見つからない体育の先生の授業を教頭先生が持っているくらいだ。小学校に勤務していた経験があるのでなんとかやっているけど、そりゃ、大変だと思うよ。このあいだは、午前中、ずっと屋外で体育の授業をしていた教頭先生が、給食の時間になって目がかすみだした、といい始めた。紫外線で目を傷めたらしい。以前は目を守るために、屋

7 共同通信は、2018年7月1日、「26都道府県と9市の公立校で教員不足600人超」と報じた。
8 朝日新聞は、2018年5月11日、「教員不足のため松江市の市立中学校で英語授業が1カ月できなかった」と報じた。

外での体育の授業はサングラスをかけて指導していたけど、市民から、『管理職がサングラスをかけて指導するとは何ごとか』という苦情が教育委員会に入って以来、サングラスをかけないで何時間も屋外で指導するようになった。教頭先生だって、自分の身体のことはさしおいてがんばっているんだよ」

「そういえば、新聞の投稿欄にもその話題が載っていたわね。[9] でも、お医者さんは、屋外に長時間いるときには、紫外線による目の病気を防ぐためには、サングラスをかけるべきと、話していたわよね。医学的に問題があったとしても、教員は特殊な職業だから例外なの？　理解できないわ」

### 教員は「めっしほうこう（滅私奉公）」で働く職業なのか？

「しようがないじゃないか。教員は、昔から滅私奉公。特殊な仕事なんだよ」

「めっしほうこう？　とくしゅなしごと？」

葵が怪訝そうに言った。

「滅私とは、自分自身を捨てること、自分の利益を考えないこと、自分の都合ばかり考えないこと。奉公とは、国や社会、子どものために身をささげて仕事をすること。学校の先生とは、そういうものなんだよ」

「へえー、よくわからないけど、大変だね」と葵は言いながらも、高橋先生が追いつめられた理由がわかったような気がした。

「ただなあ、代わりの先生を見つけるのは学校の仕事じゃなくて、教育委員会の責任だと思うけどなあ。『なぜ、代わりの先生をはやく見つけないのか』という苦情の電話も多くなってきたし……。校長先生や教頭先生も踏んだり蹴ったりだよ」

「教育委員会にはお願いしているんでしょ」

「教育委員会も一生懸命、探しているみたい。たまたま見つかっても、教員免許が失効している人だったらしく、免許更新をして下さい、と伝えたら断られたって」

「教員免許って、一度取ったら永久免許だったんじゃないの[10]」

「ちがうよ。十年おきに三万円払って、免許更新のための講習に行く必要がある。講習も

---

9 朝日新聞投稿欄、2018年6月1日、20日では、教員がサングラスをかけることに対して、「暴力団っぽいのでやめていただきたい」という意見が教育委員会に届き、全面禁止になっていること（6月1日「声」）に対して、教員からは、「目からくる疲れを軽減し、高い集中力で生徒の健康・安全を守りたい」という声を紹介。6月20日付では、「教員の目の健康も大事だが、子どものことを考えれば、サングラスをかけることはおかしい」という趣旨の市民の声も掲載した。専門医は、医学的な面からは、紫外線による目の病気（瞼裂斑）を防ぐためにはサングラス着用の必要性がある、とコメントをしている。

三十時間かかるし。三万円払い、講習を受けてまでやって、非常勤の先生をやりますっていう人はなかなか見つからないよ[11]」

「えー、わたしの教員免許は失効しているの。なんなのそれ！　そんなこといつ、だれが決めたの？」

「現場の教員からは反対の声があったけど、国が決めた！『おれら現場の人間が、なんとかしてほしい！』と言ったところで、教育委員会や文部科学省が聞いてくれるわけないだろ。それが現実だよ。現場はじっと我慢して、耐えるしかないんだよ」と大輔は、ふり絞るような声を出した。

「めっしほうこうだからね」と葵が大輔を元気づけようと言った。

## 夜中にうなされる大輔　一体、何が起こったのか

そのとき、大輔のスマホが鳴った。スマホを見た大輔の表情がこわばった。そして、スマホを持ってリビングから小走りに出て行った。

小声で話しながら、大輔は何度も頭を下げていた。何を話しているかは聞こえなかったけれど、大輔の背中がどんどん小さくなっていくように見えた。

長い電話が終わって、リビングに戻って来た大輔の表情は青ざめていた。

「大ちゃん、どうしたの？　何か、大変なことでもあったの？」

「親父、顔色よくないよ。大丈夫か？」

「お父さん、しっかりして」

家族の声に、大輔は無言のままだった。

青ざめた表情のままの大輔に、家族も心配になってきた。


大輔は、三日後、修学旅行の引率に行った。

朝ご飯のとき、葵が「お父さんはもう出かけたの？」と聞くと、「六時前には出かけたよ」とお母さんが心配そうに言った。

大輔は、金曜日の夜遅く帰ってきた。

「おかえりなさない」と由紀が普段以上に明るい声で出迎えた。

---

10　教員免許更新制とは、①教員免許状に10年間の有効期間が定められ、②免許状の有効期間を更新するため、30時間の免許状更新講習を受講・修了することを必要とするもの。免許更新制が導入（２００９年４月１日）前に教員免許証を取得していた人は、２０１８年３月31日までに免許状更新講習を受講・修了することが必要だった。現在、受講・修了していない人は、教員免許状を持っていても、教職に就くことはできない。

11　北海道新聞、２０１８年１月24日。

「疲れた。少し頭が痛いんだ。もう寝るよ」と大輔は、しんどそうに言った。

翌日の土曜日は、一日中、横になっていた。食欲もないみたいだった。でも、日曜日は部活動の指導があると学校に行った。

土日にも部活動指導に出勤する大輔の仕事ぶりは、これまでもそうだった。しかも、大会でもいい成績を上げ、子どもや保護者からの信頼が厚かった。それもあって、やりがいを感じていた。「ブラック部活動[12]」という言葉が世の中に出回り始めたころ、「あーあ、現場のことを知らない大学の教員や教育評論家を名乗るやつらが、勝手なこと言いやがって。教員だろ、部活動指導をするのは当たり前じゃないか[13]」と批判していたときもあったくらいだ。

大輔は新学期が始まった頃は、元気だった。

でも、こんなにも疲れていて、追い詰められている大輔の姿を見るのは、家族もはじめてだった。

日曜日、大輔が出かけた後、由紀が心配そうに言った。

「夜中、うなされているのよ。『申し訳ありません』『すみません』って寝言を言うのよ」

「それ、やばくない。病院に行ったほうがいいよ」

「お父さんの病院嫌い知っているでしょ。行かないと思うな……」

「……」

「おれ、智子おばさんに相談してみるよ。先生になろうかなあ、と思っていたけど、親父を見ていたら、不安になってきたよ」と大翔がポツリと言った。

大木智子おばさんは大輔のお姉さんだった。以前は、中学校の教員だったけど、教育学の勉強をするために教員を辞め、大学院へ行った。昨年、やっと私立大学の非常勤の教員になった。

智子おばさん、お父さんが心配です

2023年6月11日（日）22:23

from hiroto0103-xxx@gmail.com

to 1126tomoko1958xx@shinmeixx-u.or.jp

智子おばさん、お元気ですか？

12 内田良『ブラック部活動』（東洋館出版、２０１７）。

13 前掲書 38頁。

お父さんが最近、すごく疲れています。出勤はしていますが、五月以降、一日も休みがない状態です。今日も、部活動があるらしく、学校へ行きました。おばさんも知っているように、すごく元気だったのに、家族も心配しています。

四月に異動して、以前より平日は早く帰れるようになり、土日の部活動も少しは休めるようになりました。ただ、五月になって、次々と先生たちが倒れて人手不足になってから、帰りも遅くなり、平日も帰宅が次第に遅くなって、土日すべて、部活動指導に出かけています。

お母さんが、「学校休めないの？　病院行ったら」と言っても、「休めるわけないじゃないか！　みんな忙しいんだよ」と、すぐにイライラしたように答えます。

おばさんから、お父さんに、病院に行くように説得してもらえませんか？　ぼくが教員を希望しているということを話したと思います。でも、お父さんのようすを見ていると、不安になってきました。それで、おばさんに相談のメールを送りました。

大翔

2023年6月12日（月）07:06
from 1126tomoko1958xx@shinmeixx-u.or.jp
to　hiroto0103-xx@gmail.ccm

大翔　君へ

お父さんのこと、心配ですね。小さいころから、何かに夢中になると、とことんまでやるところがあったからね。お父さんは異動したばかりで、職場に慣れていないせいもあるかもしれません。学校の先生になることを希望している大翔くんに、本当のことをいうのは気が引けます。でも、先生がどのような働き方をしているのか伝えることにしました。

たとえば、ある町に先生、医者、トラックやタクシー、バスの運転手や情報通信関係で働く人がそれぞれ百人ずついたとします。その人たちのうち、一週間の残業時間が二十時間以上の人がそれぞれ何人いると思いますか？[14]

| | |
|---|---|
| 小学校の先生 | 七十三人 |
| 中学校の先生 | 八十七人 |
| 高校の先生 | 五十三人 |

---

14「とりもどせ！　教職員の生活時間」（連合総研、２０１６）（最終確認日２０１８年11月5日、https://www.rengo-soken.or.jp/work/bcf009507f36983a485217ed230437e742fb5082.pdf）36頁（図17）、１０８頁（図14）。

医者　　　　　　　　　　　四十人
運転手や情報通信関係　九人

学校の先生も土日は休みです。でも、お父さんのように土日に出勤をしたり、自宅で仕事をしている先生はいっぱいいます。[15]

先生が平日、土日に何時間くらい仕事をしているか、文部科学省が調べた結果です。

土日に学校へ行って、授業準備や部活動の指導をしているようです。国際的な調査でも、「世界一仕事をしている時間が長い」ということもわかっています。[16] 教員採用試験の受験者も減り続けていると聞いたことがあります。[17]

六年前に大学の先生たちなどが呼びかけ、教職員の長時間労働を解消しようというネット署名活動がありました。[18] おばさんも友だちに署名をお願いしました。その成果もあって、文部科学省は、先生たちの長時間労働を解消するための会議[19]を始め、新聞やテレビでも報道されました。

ネット署名のサイトは、まだ見られるよ。

時間：分

| 教諭のみ | | 小学校 | | | 中学校 | | |
|---|---|---|---|---|---|---|---|
| | | 28 年度 | 18 年度 | 増減 | 28 年度 | 18 年度 | 増減 |
| 平日 | 学内勤務 | 11：15 | 10：32 | +0：43 | 11：32 | 11：00 | +0：32 |
| | 持ち帰り | 0：29 | 0：38 | -0：09 | 0：20 | 0：22 | -0：02 |
| 土日 | 学内勤務 | 1：07 | 0：18 | +0：49 | 3：22 | 1：33 | +1：49 |
| | 持ち帰り | 1：08 | 1：26 | -0：18 | 1：10 | 1：39 | -0：29 |

文科省「教員勤務実態調査」（2016 年度）より

https://bit.ly/2OZ9kCc

サイトには、三千人以上の声が寄せられています。その中に、家族に先生がいる人の声もいっぱいありました。

「夫が高校の教員です。平日は十時過ぎまで、土日もテスト期間を除きすべて部活。最近子どもが生まれ、本人も子どもとの時間を持ちたいと願いながらもそれが叶えられない……私もワンオペ育児に息がつまりそうになります。パパとの時間もつくれないという多大なる犠牲を払って部活動をしているのに、それがボランティア扱いなのも納得がいきません」

---

15 文科省「教員勤務実態調査（平成28年度）の集計（速報値）について」（最終確認日２０１８年11月５日 http://www.mext.go.jp/b_menu/houdou/29/04/__icsFiles/afieldfile/2017/04/28/1385174_001.pdf）。

16 ＯＥＣＤ「国際教員指導環境調査２０１３」８頁。（最終確認日２０１８年11月５日 http://www.mext.go.jp/component/b_menu/other/__icsFiles/afieldfile/2014/06/30/1349189_2.pdf）。

17 教育新聞（２０１８、最終確認日２０１８年11月５日 https://t.co/0dgzxDyuAO?ssr=true）。

18 教職員の働き方改革推進プロジェクトによる「教職員の時間外労働にも上限規制を設けて下さい！」（https://www.change.org/p/ 教職員の時間外労働にも上限規制を設けて下さい）署名活動。

19 中教審「学校における働き方改革特別部会」。

# 先生の7割 週60時間超勤務

## 連合総研調査

週に60時間以上働く小中学校の先生の割合が70～80%に上ることが、全国の公立小中学校の教諭約4500人を対象にした連合のシンクタンク「連合総研」の調査でわかった。医師や建設業、製造業など他業種より格段に高い割合だ。特に運動部の顧問の先生は出勤が早く、午前7時前に出勤する人が15%いた。文部科学省も学校現場の負担減へ対策に乗り出している。

　調査は2015年12月、労働組合に入っているかに関係なく、公立小学校教諭2835人、中学校教諭の1700人を対象に実施。小学校1903人（回収率67%）、中学校1094人（同64%）が回答した。

　調査では、週あたりの労働時間を20時間未満から60時間以上まで5段階に分けた。小学校教諭で週60時間以上働いている割合は73%、中学校は87%。小中とも50時間未満の教諭はいなかった。単純には比較できないが、11年に労働政策研究・研修機構が調べた医師の40%を上回ったほか、連合総研が16年に調査した建設業の13・7%、製造業の9・2%、運輸・情報通信業の9・0%を上回っている。特に中学の運動部顧問の場合、午前7時以前に出勤する教諭が15%、午後9時以降に退勤する人は22%に上った。

## 小中4500人対象 他業種上回る

**小中学校教諭と医師の週あたりの労働時間**
教諭は連合総研、医師は労働政策研究・研修機構調べ

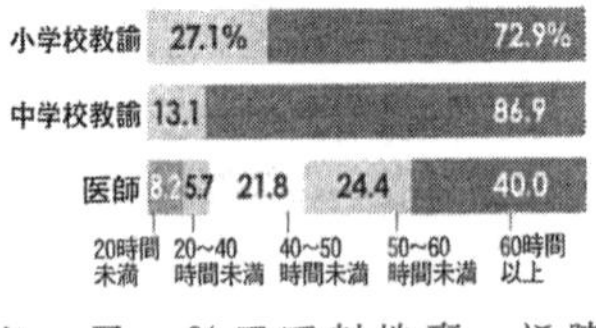


　最も負担に感じている仕事は、小中とも「保護者・地域からの要望・苦情への対応」（小84%、中82%）で、国や教育委員会からのアンケート（小83%、中80%）が続いた。

　調査を分析した油《ゆ》布佐和子・早稲田大大学院教授（教師論）は「『子どものために』という先生たちの善意が長時間労働をもたらし、自身の首を絞めている。私生活を犠牲にし、自ら学ぶ時間もないため、結局は教育の質の低下につながるだろう」と指摘する。

　松野博一文部科学相は6日、業務改善の重点モデル地域を指定する▽部活動に休養日を設けるなど負担を減らす▽業務改善を助言するアドバイザーを派遣する――などの負担軽減策を打ち出している。

（編集委員・氏岡真弓）

資料1　朝日新聞2017年1月15日

心配しているのは大翔くんの家族だけじゃないよ。このときは、五十万人以上の人が署名し、文科省などへ提出されました。[20] 文科省も、教員の長時間労働を解消しようと、学校がやっている仕事を減らしたり、学校に在校している時間の上限を定めたりする通知を出したわ。[21] でも、すごく効果が上がっているという話を聞いたことはないわ。

とにかく、お父さんには、すぐに電話をしてみますね。

2023年6月16日（金）10:12
From hiroto0103-xxx@gmail.com
to 1126tomoko1958xx@shinmeixx-u.or.jp

智子おばさん、お返事ありがとう。
大変なのはお父さんだけじゃなかったんですね。びっくりしました。普段、学校で見てる先生は、そんな素振りも見せず、いつも元気そうで、すごいですね。

20 共同通信、2018年1月22日。
21 文科省、2019年3月18日「学校における働き方改革に関する取組の徹底について（通知）」

みんな忙しいのであれば、仕方ないですね。でも、お父さん、ずいぶん疲れているみたいだから、おばさんからも、無理しないよう伝えて下さい。お父さんは、家族の言うことをなかなか聞かなくて。

おばさんのメールを読んで、わからないことがあります。一週間の残業時間が二十時間を超えると、何か問題があるのですか？　それと「部活動をしているのに、ボランティア扱い」と書いてありましたが、お父さんはいつも遅くまで働いているし、土日は部活動の指導に出ていきます。部活動の指導は仕事じゃないのですか？

2023年6月17日（土）09:16
from 1126tomoko1958xx@shinmeixx-u.or.jp
to hiroto0103-xxx@gmail.com

おはよう。

大翔君、お父さんの具合はどう？　すぐに電話をしたけど、お父さんは、割と元気そうだったよ。身体は疲れているけど、子どもたちの笑顔を見ると疲れも吹き飛ぶと元気そうに話をしていました。おばさんからは、無理をしないでねと、伝えておきました。

お父さんには、残業代は一円も出ていません。教員には、何時間働いても残業代を支払うことを禁止した法律があります。つまり、ただ働きです。それと、部活動指導は、法律上は仕事ではありません。ボランティアです。

一週間の残業時間が二十時間を超え、それが四週間続くと、一か月あたりの残業時間が八十時間を超えます。そうすると、働きすぎのため命を落とす危険性が高くなります。働きすぎて命を落とすことを過労死[22]と言います。だから、一か月あたりの残業時間八十時間を過労死ラインと呼びます。

民間企業で働く人たちの過労死も年々、深刻になっています。その大きな原因が長時間労働です。そこで、二〇一九年四月一日から、長時間労働を制限する法律[23]がスタートしました。この法律では、過労死ラインを超えて何か月も働かせると、雇っている人が罰則を受けるというものです。しかし、この法律から教員は除外されています。

ただ、教員にも残業時間は月四十五時間の上限をつけることにはなりました。ただ、これを

22 脳や心臓疾患による過労死の労災認定基準。発症前1か月間に約100時間、または発症前2~6か月間に1か月あたり約80時間を超える残業があった場合に、過労死の危険性が高まり、業務と発症との関連性が強いという。

破っても罰則はつかず、つまり法的な拘束力はないのです。残業時間を、出勤から退勤した時間を勤務時間と呼ぶことにした、それを自主規制してくださいっていうことなの。残業をしても、何の対価もないわけで、それを勤務時間と呼ぶというのはごまかしに過ぎません。「名ばかり勤務時間」って言ってもいいわね。

しかも、文科省や教育委員会は、「残業時間を減らしなさい。教職員の意識が低いから残業が増えている。意識改革をせよ」と、現場の自己責任を言っているとしか思えないわ。

長時間労働を制限する法律ができる前には、教員の長時間労働の問題も社会的な話題を呼び、解決をしようという動きもあったけどね。今は、だんだんその動きも小さくなってきました。

でも、おばさんは諦めませんよ！

2023年6月18日（日）22:28
from hiroto0103-xxx@gmail.com
To 1126tomoko1958xx@shinmeixx-u.or.jp

こんばんは。
お父さんは残業代をもらっていないの……。ひどい話ですね。あんなに熱心に部活動指導をしているのに、ボランティアだなんて……。

長時間労働を制限する法律からも外されているし、どうして先生たちは「おかしい」と思わないのですか？

先生をめざすかどうか、迷ってしまいます。

2023年6月19日（月）14:35
from 1126tomoko1958xx@shinmeixx-u.or.jp
to hiroto0103-xxx@gmail.com

23 労働基準法は労働時間を原則1日8時間、週40時間までと定めている。これを超えて働かせることは違法だが、労使が協定（三六協定）を結べば延長してもよい。その場合も、残業は月45時間以内、年360時間以内との基準はあるが、罰則はない。2018年7月、労働基準法が改正され、三六協定を結ぶ際、「残業時間の上限は原則『月45時間、年360時間』」までとされた。ただ、繁忙期などもあるため、年6か月までは月45時間を超えられるが、その場合も年間上限は720時間。一か月の上限は休日労働を含めても「100時間未満」、2～6か月平均の上限は同「80時間」とされた。違反した企業や管理監督者には、30万円以下の罰金か6か月以下の懲役が科される。大企業は2019年4月、中小企業は2020年4月から適用となる。

大翔君、これが現実。そのうえで、自分の将来について考えてほしいと思っています。日本は、今、お年寄りの人口がものすごい勢いで増えていて、人類にとってもはじめての経験をしています。葵ちゃんがＡＩロボット先生に授業を受けているように、これからは、ＡＩロボットが人間の仕事の代わりをする時代になると言われています。[24] 大きな時代の変化が起こっているなかで、よりよい社会をつくるために、いろいろな考えの人たちと話し合って、力を合わせて問題を解決する行動力が必要じゃないかな。

学校の先生は子どもたちのお手本です。先生自身が困難な状態であったとしても、あきらめることなく解決にむけて行動している姿が、子どもたちのお手本になると思います。

24 野村総合研究所「日本の労働人口の49％が人工知能やロボット等で代替可能に」（２０１５）。

## コラム・ＡＩは人間の先生にとってかわるのか？

人工知能（ＡＩ）が多くの人の仕事を奪うのではないかという懸念が広まっている。契機となったのは、二〇一四年、オックスフォード大学准教授、マイケル・Ａ・オズボーン博士らが、公表した論文「未来の雇用」である。論文では、米国の雇用者の四七％が十年後には職を失うと結論づけた。二〇一五年には野村総研とオズボーン博士らとの共同研究では、日本の労働人口の四九％が人工知能やロボット等で代替可能になると発表した。

　コンピューターが単純労働などを代替することはかつてから指摘されてきたが、それがＡＩの発達により、かなり知的能力を必要とする仕事までにおよび、広範な仕事がＡＩにとってかわられるのではないかと言われるようになった。

　教員という職業は、ＡＩが代替できるだろうか。「教師は『正しいとされる知識』をできるだけ短時間で効率よく子どもたちに『教える』ことにより、多くの『優秀な子どもたちを育成してきた』という」[25]。仮に教員の仕事をこのように考え、こうした授業が主なスタイルとなっている教員の場合は、近い将来、ＡＩにとって代わられるかもしれない。さらには長時間労働によって、十分な授業準備ができなくなればなるほど、このようなスタイルに陥りがちになるかもしれない。

　「ＡＩを教育に導入にしてできることは、生徒のレベルに合わせた計算や漢字ドリルの提供と、穴埋め問題の自動採点と、英語ロボットとのやや頓珍漢な会話くらいだろう」と数学者の新井紀子さんは述べている。しかし、同時に「ＡＩを先生としてドリルを経て卒業した生徒はどうなるだろう。間違いなくＡＩに仕事を奪われるだろう」と新井紀子さんは述べていることを忘れてはならない[26]。

　また、「ＡＩは決められた範囲の中から過去のデータに基づき、最適な選択肢を選び出すことは得意だ。だが、全く新しい組み合わせを考

25 渡辺信一『ＡＩに負けない「教育」』（大修館書店、２０１８年）１２５頁。
26 産経新聞、２０１９年２月13日。

えること（中略）などは、人間のほうが相対的に有利性を持つ」という。ということは、予め正解があるような問いを提示し、それに正解を求めるような授業ではなく、子どもたちが「なぜ？」と自ら疑問を立て、探求し、対話を通じてそれを深め合うような授業こそ、人間の教員が力を発揮できる教育であろう。

今教育に必要なのは、ＡＩができないこと、たとえば、意味のある内容を話しているかどうかを判断できること、多様な人とのコミュニケーション力やチームワークなどであろう。それには、時間的な余裕も必要である。働き方改革は、ＡＩ時代を生きる人間にとっても、避けては通れない課題である。

2023年6月19日（月）22:24
from hiroto0103-xxx@gmail.com
to 1126tomoko1958xx@shinmeixx-u.or.jp

おばさん、すごいなあ
お父さんもがんばっているし。まずは、先生たちの労働条件について調べてみます。

2023年6月20日（火）08:55
from 1126tomoko1958xx@shinmeixx-u.or.jp
to hiroto0103-xxx@gmail.com

おっ！　やる気になったね。大翔君がどんな発見をするか楽しみです。

メール、待っています！


残業をしているのに、法律上はしていないことになっている？　なんじゃこれは？

大翔は、おばさんのメールを読んだ後、早速、ググってみた。

「残業代ゼロ　教員の長時間労働を生む法制度（内田良）」[27]というヤフーニュースがあった。

実は、公立学校教員にはいわゆる残業代が支払われていないのだ。「残業代ゼロ円」で、多くの教員が過労死ラインを超えて仕事をしている異常事態。

教員はその所定労働時間を何十時間超えようとも、残業代は一切もらうことがない。実は、

27 内田良「残業代ゼロ　教員の長時間労働を生む法制度」（２０１７）（最終確認日２０１８年11月5日 https://news.yahoo.co.jp/byline/ryouchida/20171211-00079169/）。

公立学校の教員は法律の規定で残業をしていないことになっているのだ。[28]

エッ?! 大翔は息をのんだ。

「実際、残業をしていて、勤務時間とは言われているけど、ただ働き。それが合法……」

なんだ、これ……?

2023年6月24日（土）09:06

from hiroto0103-xxx@gmail.com

to 1126tomoko1958xx@shinmeixx-u.or.jp

いろいろ調べてみると、びっくりしたことばかりでした。

○ 今から半世紀以上も前の教員の勤務実態調査にもとづいてつくられた法律[29]で、教員には残業代が支払われていない。その時代は、一週間の残業時間は一時間四十八分[30]だった。二〇一六年の調査では、小学校で十八時間四十分、中学校で二十四時間三十三分の残業時間があり、[31]残業時間は十倍以上になっている。

○ 教員には、残業代が支払われない代わりに、基本給の四%が上乗せされている。残業時間が一か月八十時間だったとする。小中学校教員の平均月給は約三十六万円（基本給、平均四十三・一歳）。教職調整額（四％）は約一万四千円となる。時間外労働が月八十時間とすると、残業一時間あたり百七十五円になる。[32]

社会科の先生に聞いて、総務省や東京都の資料を使ってまとめた表です。

○ 自分の労働時間を知らない人が半分以上いる。[33] 休憩時間が何分あるかを知らない人は十人中六人。[34]

○ 学校は労働時間の無法地帯。このままだと教育の質が下がる。先生のなり手が減る。[35]

---

28 佐藤達夫人事院総裁は、1969年4月14日、衆議院文教委員会で「勤務時間を超えて何時間働いたからという、時間的計測のもとに支払われる超過勤務手当の制度というのは、これはなじまない」と答弁した。

29 給特法《きゅうとくほう》「公立の義務教育諸学校等の教育職員の給与等に関する特別措置法」の略称。1971年制定。

30 内田良「残業代ゼロ　教員の長時間労働を生む法制度」（2017）（最終確認日2018年11月5日 https://news.yahoo.co.jp/byline/ryouchida/20171211-00079169/）。

31 前掲。

32 弁護士ドットコムニュース「働き方改革で置き去りの『教員の長時間労働』、残業代ゼロを明記した『給特法』が課題」（2017）（最終確認日2018年11月5日、https://www.bengo4.com/c_5/c_1637/n_5889/）。

33 連合総研「とりもどせ！　教職員の『生活時間』」（2016）、（最終確認日2018年11月5日、https://www.rengo-soken.or.jp/work/bcf009507f36983a485217ed230437e742fb5082.pdf）48頁図28、121頁図25。

お父さんは、こんな厳しい働く環境のなかで、本当によくがんばっていると思います。尊敬しますね。お父さんにも調べたことを伝えて、まずは「家族のために一生懸命働いてくれて、ありがとう」と伝えます。

2023年6月25日（日）10:45
from 1126tomoko1958xx@shinmeixx-u.or.jp
to hiroto0103-xxx@gmail.com

大翔君、よく調べたね。
家族として感謝の言葉を伝えてあげると、お父さんにも元気がでると思うよ。参考までに、YouTubeに給特法の問題点をわかりやすく説明したおもしろい動画が載っていたので紹介しますね。
https://www.youtube.com/watch?v=26Li-mdOWZE
https://youtu.be/HTHHz2iEPeg

| | 平均月給 | 教職調整額 | 時間外労働月80時間の場合、残業1時間あたりの単価 | 最低賃金（17年10月1日実施） |
|---|---|---|---|---|
| 採用1年目の教員（全国平均） | 20万円 | 8000円 | 100円 | 848円 |
| 最も給料が高い教員（東京都） | 43万円 | 17,200円 | 215円 | 958円 |

（注）教職調整額は、残業代ではないが、ここでは、仮に残業代だったとしたらという想定のもとで計算した。

また、何かあったら連絡をして下さい。

34 前掲49頁図30、121頁図26。
35 青野覚、連合総研シンポジウムでの発言(2017)。

## なぜ教師の過重な時間外労働が「労働基準法改正」から除外されるのか ▶ この、政府の「働き方改革」にも逆行する不合理な実態を知っていただきたい

### 現状について

過労死認定基準 → この基準を超えて働いている人の割合

| 通常業務 | 月間時間外労働 |
| --- | --- |
| 月間 **130** 時間 | **80** 時間以上 |

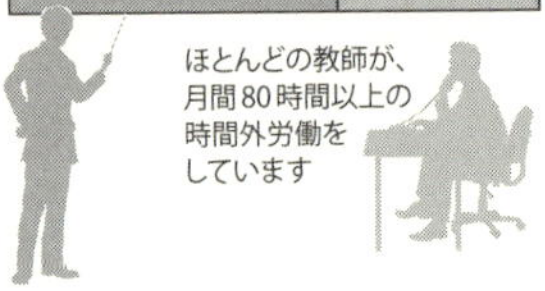

ほとんどの教師が、月間80時間以上の時間外労働をしています

この実態を他の職場と比較すると

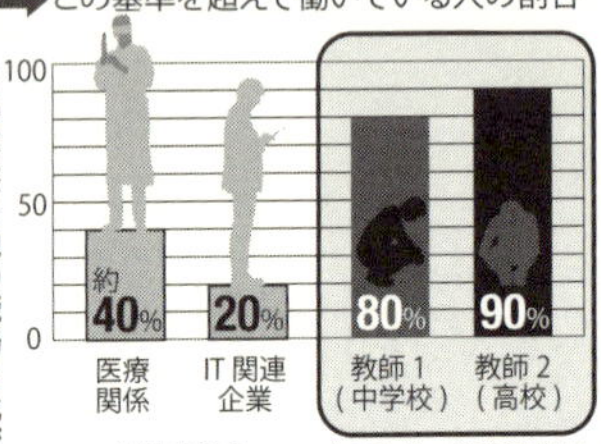


労働基準法改正の対象

ところが、教育現場は労働基準法改正の対象外

とんでもないブラックな労働環境!!

**なぜ、このような事態が起きているのでしょう**

## 問題の根源は、現在の実態に合わない古い法律にあります それは1972年施行「給特法」の存在（公立の義務教育諸学校の教職員給与等に関する特別措置法）

**1966年当時**

通常業務 ／ 時間外労働

教師の仕事は多岐にわたり、業務内容を厳密に管理できない

そこで、全国調査をしてみると

通常業務 ／ **8**時間程度の時間外労働

そこで、この「**給特法**」によって**給与額の　4%程度を「教職調整額」**として、**全員に一律支給**した。

これは時間外勤務手当ではなく、本給の一部であるとした。（拘束されていない時間に行った、授業の準備など、すべての教育活動を含む）

この措置法が今でも生きていて

通常業務 ／ **80**時間

時間外労働が **10** 倍になっても

この **4**% だけが支給　**あとはタダ働きになっている**

**なぜ、このような不合理が放置されているのでしょうか？**

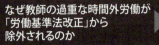

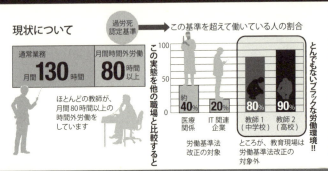

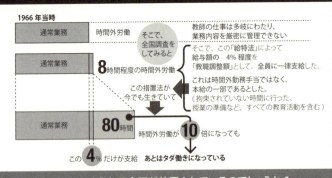

# 第３章「お父さん、お父さん、目を開けて！」

おい、大翔、もう一回、言ってみろ！　泣き出す葵と大翔

その日の夕食のとき、大翔は、調べたことをお父さんに話した。

「親父、昨日、今日、部活動指導、お疲れさまでした」

大翔は照れながら話した。

「はっ?!　なんだよ。いきなり。なんかあったのか？」

「おにいちゃん、いきなりどうしたの？」

「そうよ、大翔、お父さんにお疲れさま、なんて言ったこともないのに……。おかしな子」

「いやー、そのー、実は、学校の先生の労働条件について、いろいろ調べたんだよ」

「どうだ、大翔、教員という仕事の大変さがわかっただろう」

「そうだね。親父はすごいよ。ところで、親父、自分の勤務時間が何分か、知っている？」

「勤務時間……？　えっと、たしか、今は十時間だったかな」

「ちがうよ。公務員は一日七時間四十五分、一週間三十八時間四十五分だよ。[1] しかし、公務員のなかで教員だけは一年単位の変形労働時間制という制度になっていて、特例で最長の日は十時間になっているの」

「ふーん、十時間っていうのは特例なのか。まあ、変形なんとかが始まる前から同じくらい働いているからなあ」

「親父、今日は、何時間くらい部活動をしたの？」

「そうだなあ、部活動指導が四時間、それに、授業の準備を三時間くらいしたかな。よく働いたなあ」

「働いた？　お父さん、そう思っているの？」

「当たり前じゃないか。大翔、何言っているんだよ」

「お父さんは、働いていたと思っているかもしれないけど、法律上は、働いたことにはなっていないんだよ」

「おまえ、何を言っているんだ。エクセルに出勤、退勤時間を記録して、何時間、働いたか記録もしているぞ。そして、今じゃ、出勤時から退勤した時間を勤務時間として認められるようになったんだぞ」

「そうよ、大ちゃんは、土日も学校へ行って働いているじゃない。そんな言い方をするのは、失礼よ」

「親父、土日に学校へ行って部活動指導や授業準備をしているのは、働いているのではなくて、ボランティアだよ。『自発的な行為』[2]とも言われていたよ。みんな好きでやっている活動だよ」

「なに……好きでやっている活動、自発的な、何だ……？　じゃ、あの記録は何だ？」

「自発的な活動の時間。本当の意味での勤務時間じゃないよ」

「それはどういうことだ。時間外勤務の上限だって決まっているんだぞ」

「そのかわり、親父は、家に持ち帰っての仕事が増えたじゃないか。ときには、明け方まで仕事をしていることもあるよね」

「しようがないじゃないか、一か月の時間外勤務時間の上限は、四十五時間と決まったんだから。学校でできない仕事は、家でやるしかないじゃないか」

「それは、ボランティアでしょ。それに、このごろはそれ以上、働いているじゃないか」

「仕事が忙しいときは、百時間まで学校にいていいことになっているんだよ」

---

1　地方公務員の所定勤務時間は各自治体の条例で定めてある。

2　文科省（最終確認日２０１８年５月21日 http://www.mext.go.jp/b_menu/shingi/chukyo/chukyo3/031/siryo/06111414/003.htm）。

「ほんとはそれ以上、ボランティアしているじゃないか。一銭ももらわずにね」

「なんだ、その言い方は。教師は、子どものためだったら、二十四時間働くもんだと、いわれてきたんだ。それくらい、教師の仕事は崇高なんだ」

「二年前から一年単位の変形労働時間制が始まったでしょ」

「あー、そうだよ」

「その制度では、連続して六日働いたら休日を与える必要があるんだよ。そうしなければ、労働基準法違反だよ」

「おー、それが、どうした」

「お父さん、五月連休明けから一日も休んでいないよね。でも、教員は、労働基準法違反にならないんだよ。どうしてか、わかる」

「……」

「土日の部活動指導は、お父さんが自主的にやっている活動だからだよ。制度上は、休日をとっているということになっているにもかかわらず、対外試合の遠征に引率をするなんておかしいじゃないか。法律上は、働いていないことになっているのに、働いている。これっておかしくないか」

「しょうがないじゃないか。保護者から頼まれるんだから。子どもたちも、楽しみにしているし。俺たち、現場の教員だけじゃ、どうしようもないんだよ。たしかに、数年前に、学校の働き方を変えようと盛り上がった時期もあったけど、部活動が生きがいだという先生もいて、なかなかうまくいっていないんだよ。おれは、子どものためになるからと思ってやっている。それが『働いていないことになっている』だと、ばかにするな」

「めっしほうこう、とくしゅ、なんだからしようがないじゃないの」

葵が言った。

「あー、滅私奉公でも、特殊でも、どっちにしても働いているじゃないか」

「おれもそう思うよ。でも、制度上は、労働とはみなされないんだよ」

「何を言っているのか、わけがわからない……」

大輔は、黙ってしまった。

「親父、残業代が出ていないこと知っている？」

「何をバカげたことを言うんだ。当然、残業代は出ているよ。教職……なんとか手当だったかな？　けっこうもらっているぞ。たしか、給料の四％分だったかな。若い先生が、残業代が出ていないのですか？　と質問するので、たくさん出ているよ、と説明してあげたばかりだ」

「えっ？　親父、それもまちがっているよ」

「なにが、まちがっているんだ」

大輔は、イライラした声になりだした。

大翔は、お父さんが自分の労働条件について知らないことにびっくりした。

「教員には、残業代はつかないんだよ。どれだけ長く働いても、土日に働いても、残業をしたことにはならない。給料の四%分が上乗せされているけど、たとえば、一か月の残業時間が八十時間だったとすると、一時間二百円の残業代にしかならないんだよ」

「一時間二百円……。誰がそんなふざけたことを言ったんだ」

「弁護士ドットコム[3]という会社が出しているニュースコラムに載っているよ」

大輔の顔が、だんだんひきつってきた。

「大翔、教員というのはお金のために仕事をしているんじゃないんだ。子どものためなんだよ」

「たとえ、そうだったとしても、一時間二百円というのは、あまりにひどくないか」

「世の中は、そんなものだ」

「土日も一生懸命働いても、法律上は、ボランティア、残業代は出ていない。どんどん仕事が増えるばかり。問題だとは思わないの?」

「問題だと思って何になるんだ。毎日忙しんだ。いちいちそんなことを考えるヒマはない。それに、働くとはそういうものだ。子どもにはわからないだろうな」

「親父、おれ、今度の誕生日が来たら、十八歳。大人だよ。子ども扱いはやめてよ」

「もうやめなさいよ」

由紀が、なだめるように言った。

「親父、教え子に困ったことがあったら、みんなで力を合わせて解決しようって話しているんじゃないの」

「大翔、やめなさい。お父さん、疲れているのよ」

由紀もイライラしたような表情になった。

「あーそうだよ。当たり前じゃないか。学級でも、部活でも、みんなで力を合わせてがんばればいい結果が出ると励ましているよ」

「でも、教員の長時間労働についてはあきらめているじゃないか。言っていることと、やっていることが違うよ」

「おい、大翔、もう一回言ってみろ！」

「大ちゃん、落ち着いてよ。大翔も、やめなさいよ。お父さんがこんなに一生懸命にはたらいているのに、ひどすぎるじゃないの！」

3　弁護士ドットコム「働き方改革で置き去りの『教員の長時間労働』、残業代ゼロを明記した『給特法』が課題」（２０１８）。（最終確認日２０１８年11月5日、https://www.bengo4.com/c_5/c_1637/n_5889/）。

「おれがひどいわけじゃないよ。法律がおかしいんだ！」

と大翔が怒ったように言った。

「おにいちゃん、もうその話はやめようよ」

葵が、泣き声になった。

「親父、自分がどんな条件で働いているか知っておくべきだよ。もし教え子が、残業代が支払われない、長時間労働でもう会社に勤めることができそうもないって相談にきたとき、親父は、なんて言うの」

「なんだと……」

一瞬、シーンとなった。

「世の中、そんなもんだ、がんばればなんとかなる、って言うのか。親父はそんな人間じゃないだろ」

大翔の目にも、涙がたまっていた。

「うるさい！　おれたちは子どものために……、がんばっているんだ。教員の苦労など、おまえにわかるものか」

「親父だって、毎日帰ったときはしんどそうにしているじゃないか。そんなに子どものためにがんばっていても、世の中の人は、親父がどんな環境で働いているか、真実を知らない。おれは、『教員のただ働きが当たりまえの働き方』になんの疑問も持っていない社会のなかで、あまりに親父がばかにされている。それが、悔しんだよ」

大翔は、バンとテーブルをたたいて、リビングを出て行った。

2023年6月26日（月）　00:11

from kousuke0103-xxx@gmail.com

to 1126kumi1958xx@shinmeixx-u.or.jp

智子おばちゃん、親父とけんかになってしまいました。

親父に、勤務時間を知っているか、残業代がつかないことを知っているか、聞きました。でも、本当のことを知りませんでした。理科の先生だから、しようがないですね。

「おれらは、学校に通う子どものためにがんばっているんだ」と怒鳴りつけられました。子どもの立場から言うと、「はあ?　ほどほどにしておいてほしい」という感じです。

2023年6月26日（月）02:45

from 1126kumi1958xx@shinmeixx-u.or.jp

to kousuke0103-xxx@gmail.com

大翔君が一生懸命調べて明らかにした真実を、お父さんは受け入れることができなかったのだと思います。

長時間労働の問題を解決しようという意欲を失っている先生たちが多くいます。あきらめています。むしろ、当然だと思っている人もいます。でも、これでは、熱心な先生ほど燃え尽きてしまいます。多くの先生は、六十五歳の定年[4]まで働くことはとてもむずかしいと思います。

おばちゃんから、お父さんに手紙を書いてみますね。

## 姉から弟への手紙

拝啓　お元気ですか？　姉が弟に手紙を書くのは、少し恥ずかしいけど、大輔は今、人生の転換期に立っていると思い、書く決心をしました。

郵便局に勤めていたお父さんは、仕事熱心な人でした。部下が急に病気になって出勤できない日には、その人の代わりの仕事をしなくてはと、早朝に出勤し、夜遅く帰って来たことが何度もありましたね。大輔も、私も、そんなお父さんに似ていますね。短気なところも。

なぜ、私が教員を辞めたか、大輔に、はじめて話します。

今もそうだけど、私も、必死で働いても、働いても、国や教育委員会から、仕事が降ってくる。「仕事の精選」をしようと学校のなかで声をあげたけど、親や同僚同士の理解をなかなか得られず、私自身が追い詰められていきました。しかも、「荒れた学校」で、子どもたちは「どうせ、おれなんか」「どうせ私なんか」と私にぶつけてきました。

私は、必死にその気持ちを受け入れようとしました。でも、自分が苦しくなってくると、私自身が「自分って、こんなにも仕事ができないのか」と自己を否定する気持ちが大きくなってきました。[5]そうすると、子どもたちの気持ちを受け入れることもできなくなってきました。子どもたちともうまくいかなく、保護者からのクレームも増え、とても辛かったです。[6]

ちょうどその頃、私が担任した就職したばかりの生徒が、「仕事がしんどい。長時間労働だし、土日も休みが取れない。先生、仕事を辞めようか、どうしようか迷っています」と相

4 2018年8月10日、人事院は、公務員の定年を65歳まで延長するよう国会と内閣に求めた。
5 諸富祥彦『教師の資質』(朝日新書、2013)151〜152頁。
6 中教審「働き方改革特別部会」(2018年7月19日)で、十川博(公立学校共済組合九州中央病院)は、教職員が病休や休職に至るような重篤な状態に至るのは「対処困難な児童・生徒」「保護者対応」などが影響していると述べた。

談に来ました。

私は、「何、言ってるのよ。石の上にも三年というでしょ。仕事に慣れてくれば、やり方もわかって来るし、頑張り屋のあなたならばきっとなんとかなるわよ。頑張れ」と励ましました。教員は、就職してから、長時間労働が当たり前だったから、働くとはそんなものだという価値観[7]を私自身がもっていました。しかも、教え子の苦しみをしっかり聴く心の余裕もありませんでした。

一か月後、その子が、自殺未遂をした、と聞きました。

衝撃でした。

私が、「教え子を追い込んだ。なんてダメな教員だ」と自責の念が強くなり、学校に行こうと思っても、なかなか身体が動かなくなりました。

心療内科で診てもらったら、「ずいぶんがんばってこられましたね。心がＳＯＳを出していますよ。これまでたまった疲れを回復するために、一か月ほど学校を休んでみられたらどうですか」と言われました。教え子のことがなければ、「大丈夫です」と言い張ったかもしれないけど、そのときは、私には、そんなエネルギーはありませんでした。

休んでいるとき、教員の長時間労働が社会問題になっていました。時間があったので、教員の長時間労働について新聞記事や本などをたくさん読みました。教員になって、おちついて読書をする意欲もなくなっていたので、いい機会になりました。

なかでも、次の文章は印象に残っています。

「長時間労働で疲弊した人は新聞を読む気力もなく、物事を深く考えなくなる」（福井新聞、二〇一七年三月二十日）[8]

でも、わたしは、仕事に追いまくられ「学びから逃走」[9]していました。

教員がなぜこのような状態に追い込まれたのか、考えてみたことがありますか？

一つめは、学校現場の第一線をよくわかっていない人、現場のことを知ろうとしない人たちが、学校に対して次から次へと新たな役割を求めてきたからだと思います。プログラミング教育など「〇〇教育」とよばれる教育は百四十種類以上[10]あります。しかも、どんどん増え続けています。どれも必要な教育でしょうけどね。教員だって人間です。一日は二十四時

7 妹尾昌俊『先生が「忙しすぎる」を諦めない』（教育開発研究所、2017）80頁。

8 小学校教員が新聞を読んだり、読書したりする時間（平日の1日）は24・7分、中学校教員23・1分 高校教員33・6分（出所：ベネッセ教育研究所「学習指導基本調査」）。NHKが2015年に実施した国民生活時間調査によると、勤め人の1日（平日）の新聞を読む時間は10分、雑誌・マンガ・本を読む時間は9分、合計約19分。

9 佐藤学『「学び」から逃走する子どもたち』（岩波ブックレット、1998）。

10 横浜市立北本市立中学校だより（2016）。

間しかありません。

でも、世の中の人は、学校と教員には、無限の時間があると勘違いしているような気がします。外部の人を招いて授業をやってもらえれば、と言われます。しかし、適切な人を探したり、講師料をねん出したりするのは学校です。

二つめは、文科省や教育委員会は、学校にドンドン仕事を降らせるけど、それに対応できるだけの教職員の数を増やしてはいません。なぜなら、日本の教育予算はOECD平均の三分の二と、断トツで少ないからです。ヒト・モノ・カネをかけず、教職員の「犠牲的精神に任せる」というのが日本の教

教育機関への公財政支出の対GDP比［全教育段階］（2011年）

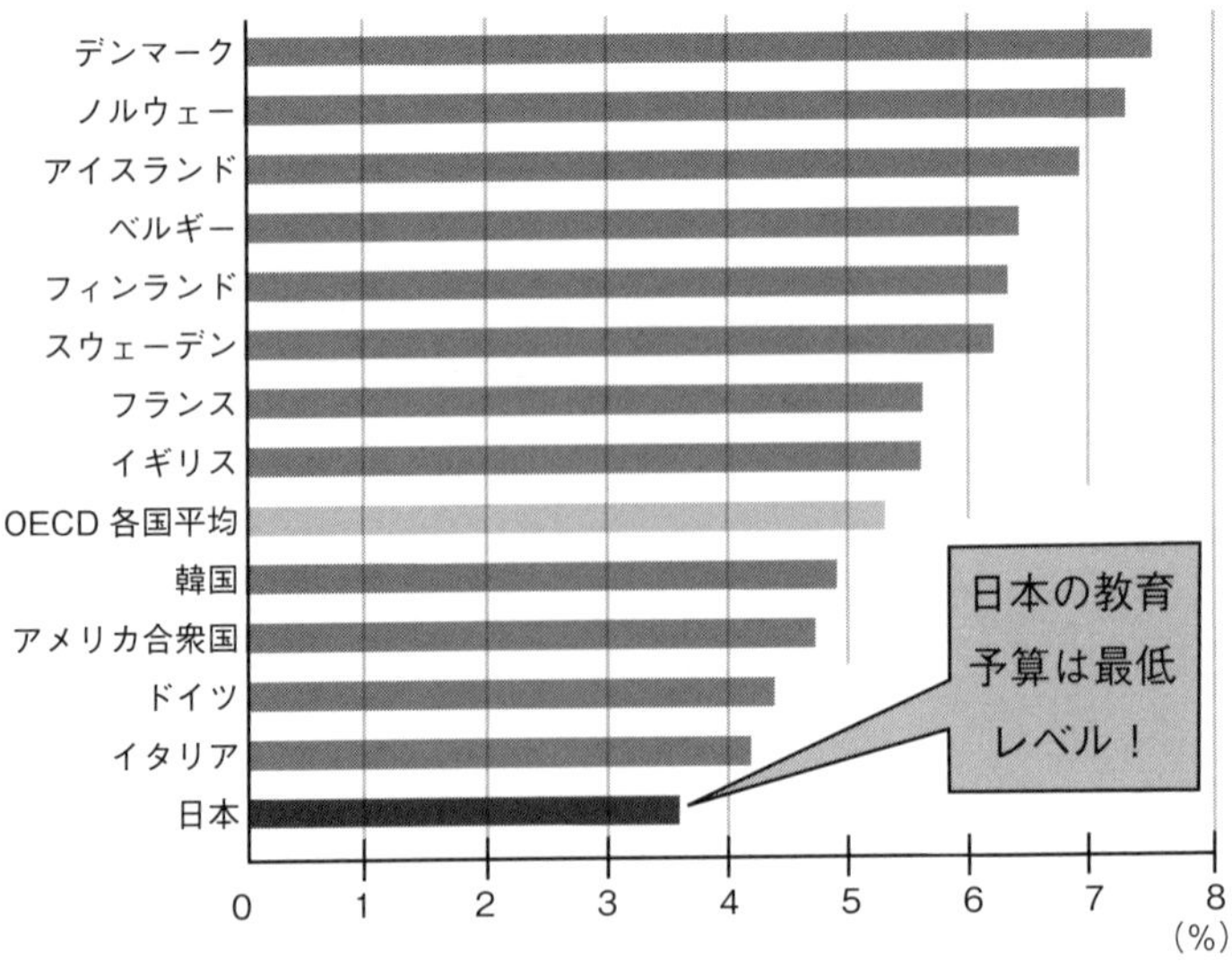


図表で見る教育2014（OECD）

育政策の悪しき伝統です。

教職員は時間的、精神的な余裕をなくし、お互いの悩みを打ち明けるような時間は奪われていきました。子どもの気持ちをしっかり聴く余裕もなくなっています。だったら、AIロボット先生のほうがよっぽどいいです。

でも、しっかり寝て、美味しいものを食べて、家族と楽しい時間を過ごしているうちに、次第に、この現実を変えたいという気持ちが芽生えてきました。教え子のこともあって、教員だけでなく、多くの働く人が長時間労働で苦しんでいるこの社会を変える必要があると考えるようになりました。それで、学校を休職して、もう一度学び直すため大学院に進学することを決心しました。

それが、教え子を追い込んだ私の償いです。

ここまで読んで、大輔は手紙を破り捨てたくなった。

おれだってどうしようもないんだ。カネがない、ヒトがいない。教員ががんばるしかない

11 教員は、一般企業の労働者と比べると、「仕事や職業生活におけるストレスを相談できる相手」がいる人の割合が約半分という。(「教員のメンタルヘルス対策及び効果判定」２００８年10月東京都教職員互助会、ウェルリンク株式会社、「平成14年労働者健康状況調査」厚生労働省)。

じゃないか。

休めるものなら、休みたい。それが、できないから苦しんでいるんだ。

と、大輔はぽつりとつぶやいた。

大輔は、休むことに対して罪悪感を感じている。

「教師とは、子どものために全力をつくすべきだ。それが教師としてのやりがいにつながるんだ」と大学でも、就職してからも教え込まれてきた。

「子どものために」という強い責任感と思いが大輔をがんじがらめにしていた。

同僚に迷惑はかけられない。

いろいろな思いが浮かんできた。

姉からの手紙は大輔を一層追いつめ、絶望の淵に追い込んだ。

大翔と喧嘩をして以来、一層、むきになって「子どものために」とがんばり始めたばかりの大輔にとっては、姉の手紙を読むことは苦痛だった。

ふと、手紙とは別に、白い紙に包まれた一枚の写真が入っていたことに気づいた。

手紙を破り捨てようとした手が止まった。

写真を見た。

故・工藤義男
1967年1月19日生まれ　職業：教員
2007年6月25日教職に殉ずる（享年40歳）
家族：妻・祥子　14歳と10歳の女の子2人

「お父さん、目を開けて、お願いだから」工藤祥子さんとの出会い

子どもたちに夢を伝えるようなキラキラした目だった。家族構成もわが家と同じようだなあ、と感じた。気を取り直して、姉からの手紙を読み始めた。

もう一つ、研究生活を続けるなかで、工藤祥子さんという方に会いました。十数年前に公立中学校教員だった夫（当時四十歳）を過労でなくされた方です。

「疲れた。頭が痛い」

二〇〇七年四月、横浜市の転勤先中学校に赴任したばかりの夫・義男さんが、体の不調を訴えるようになりました。六月、修学旅行の引率から帰り、動けなくなりました。六日後、年休を取って訪れた病院の待合室で倒れ、そのまま意識は戻らず五日後に亡くなったのです。死因はクモ膜下出血。二人の娘はまだ中二と小四でした。

義男さんは、サッカー部の顧問、生徒指導を担当。生徒にも好かれていました。工藤さんは、夫の公務災害認定を受けるのに五年半もかかりました。公務災害認定を受けるためには、何時間働いたのかという記録、その裏付けとなる証拠を遺族自らが集めなくてはならな

かったからです。タイムカードもなく、工藤さんはとても苦労しながら証拠集めをされました。

大輔に読んでもらいたくて、工藤さんにお願いして、義男さんの教え子や保護者からの手紙をお借りしました。

（教え子からの手紙）

工藤先生が△△中学校に赴任してこられたときにサッカー部に所属しサッカーを教えていただきました○○と言います。卒業以来、「会いに行こう」と思いつつも、それを先延ばしにしてしまったことを今は本当に後悔し、申し訳なく思っております。あのお通夜の日に自分たちの代の仲間を呼び、工藤先生のご供養になればと思い、夜通しサッカーをしました。

（教え子からの手紙）

工藤先生。先生はずるいです。なんの前触れもなく逝ってしまったのですから。

でも、許してあげます。

そのかわり約束して下さい。

絶対に、絶対に、天国では無理しないでください。

もう、ゆっくり休んでください。

（保護者からの手紙）

逃げないこと、どんなことにも一生懸命取り組むことを工藤先生から教わった子どもたちは、部内で何かあるたびに、いつもみんなで話し合い、ぶつかり合い、時には顧問の先生とぶつかりながらも、みんなで解決していきました。

下校時間が過ぎ、学校から出されたため、真っ暗な歩道で円陣になり話し合っている息子たちをよく見かけました。

本当にみんな一生懸命でした。

最後の試合の直前、奥様からいただいた手紙に「工藤先生は、空から見守っている」と書かれてありました。

試合中、何度も何度も危ない場面、苦しい時間帯がありました。

苦しくなると息子が空を見上げているのを見て、涙がとまりませんでした。

大輔、教員が亡くなるということは、家族だけでなく教え子、保護者の方にもいろいろな影響を与えます、ちょうど、工藤先生と同じくらいの年齢になりましたね。教員が倒れるのは、新しく異動して一〜二年くらいが多いというデータ[12]があります。これまでやってきた経験が通用しない、大輔は中堅教員としてまわりから期待されていること、大きな重圧がかかっていることも想像できます。

教員は、子どもたちに、どんな状態になっても「生きること」を伝える役目があります。教師が命を失うまで働く姿を見せることは「教育者」としてやってはならないことではありませんか?

工藤先生のような熱血先生だって命を失ってしまう。働きがいを感じれば少々の長時間労働をしてもいいという考え方を、私は受け入れることはできません。

休むことへの罪悪感や、同僚に迷惑をかけるという躊躇があるのかもしれませんが、疲れを感じたら、それは「休んだほうがいいよ」という自分の身体からの大事なメッセージですから、勇気をもってそちらを選ぶことをすすめます。人生は長いし、大事な家族、そして、同僚や子どもたちのためにもね。

同封した写真は、工藤さんの亡くなられたご主人です。日焼けして、清々しい表情のかたですよね。

12 文科省「教職員のメンタルヘルス対策検討会議最終まとめ」(2013)(最終確認日2019年5月21日、http://www.mext.go.jp/component/b_menu/shingi/toushin/__icsFiles/afieldfile/2013/03/29/1332655_04.pdf)。

お盆には、一緒にお父さんのお墓参りに行きましょう。では、お身体ご自愛ください。

姉より

二〇二三年六月二十六日

工藤先生の顔が涙で見えなくなった。

自分がかつてサッカー部の顧問だったときのことが走馬灯のように浮かんだ。

グランドを走り回る生徒。苦しい場面に工藤先生のことを思い出し、空を見上げている生徒の光景が見えた。

「同僚に迷惑をかけるし……」

「休ませてください」と言うことで、「弱い人間だ」と思われたくないという気持ちもあった。

「言っていることと、やっていることがちがう、のか……」

大翔の言葉にも、ひっかかるものがあった。

いろいろな考えが、浮かんでは消えていった。

「一体、自分はどうすればいいのか?」

その夜、大輔は一睡もできなかった。

翌朝、いつものように出勤しようとすると、割れるような頭の痛みと吐き気がおそい、大輔は気を失った。

バタン！　ガシャーン！

玄関先に置いてあった傘立てが倒れる大きな音がした。

食事をしていた大翔は、バッと立ち上がり、玄関に走っていった。

「親父！」

「お母さん、葵、親父が倒れた！」

「大ちゃん！　大ちゃん！」

「お父さん、目を開けて、死なないで！」

三人は、泣きわめきながら、大輔の身体をゆすった。

## コラム・故工藤義男さん──教員の人間としての尊厳を取り戻す

義男さんの墓石には「闘魂」の二文字が刻まれている。

横浜市の中学校の保健体育教員だった義男さんは心身ともに屈強な熱血先生だった。高校では柔道、大学ではアメリカンフットボールの選手だった義男さんは、けんかなどのトラブルが続く教育現場で、頼れる存在だった。転任して二か月後の二〇〇七年六月のことだった。

「疲れた。頭が痛い」

広島と京都をめぐる二泊三日の修学旅行の引率を終えた義男さんは帰宅後、すぐに布団に倒れこんだ。ホテルでは明け方近くまで生徒の部屋を見回った。

数日後、具合が悪いと、やっと行った病院の待合室で倒れた。クモ膜下出血だった。祥子さんは、病院からの電話で急いで駆けつけたが、医師からの宣告は脳死だった。学校から急行した当時十四歳、十歳の子どもたちが、動かないお父さんを呼び続けた。

お父さん、お父さん、目を開けて！

朝七時台に始まる部活の朝練からはじまり、夜九時過ぎの帰宅後もパソコンに向かい、プリントや会議の資料を作った。日付が変わる頃に寝る日も多かった。祥子さんは、学校の全面的な協力と校長会、弁護士の支援で義男さんが他界する一か月前の残業時間を調べた。

二百八時間の残業をしていたことがわかった。地方公務員災害補償基金に申請して、四年二か月後の二〇一一年十二月、業務の過重性があったこともあり、公務災害と認められた。しかし、認められた残業時間はわずか九十七時間。百十一時間分は仕事として認められず、義男さんが「好きでやっていた活動」と判断された。これは、地方公務員災害補償基金の責任ではない。教員の勤務時間を定める「給特法」があるからだ。

給特法のもとでは、超勤四項目以外は、命じられた業務ではない、自発的なものである。

文科省は、次のような趣旨の説明をする。

超勤四項目以外の業務に従事して倒れたとしても公務ではないので、公務災害補償の対象とならず、各教員の自己責任で、事故等に備えた保険をかける必要がある。[13]

工藤義男さんは、子どものために命を削って仕事をした。しかし、百十一時間分は、仕事とは認められなかった。

内田良名古屋大学准教授も、「教員の膨大な仕事量には、こうして国側が教員の労働者としての尊厳を軽視しているという背景がある。労働を労働とみなすということ、教員の働き方改

13 中央教育審議会提出資料をもとにまとめた。http://www.mext.go.jp/b_menu/shingi/chukyo/chukyo3/031/siryo/06111414/003.htm。公務災害補償の認定にあたっては、被災職員の実労働時間を調査し、成果物などによって客観的に公務だと立証できる場合は、公務に従事した時間とみなす。

言う。[14]

革はこの原点から出発しなければならない」と

工藤義男さんをはじめとする全国の教員の、労働者としての尊厳を冒瀆し続ける「給特法」を見直すか、見直さないのか。中教審委員と文科省の官僚には、労働者の尊厳を守るのか、冒瀆し続けるのか、その選択が問われていた。

文科省や中教審委員は、給特法を廃止すると九千億円[15]の残業代が発生するから財政的には無理だ、と考えた。

しかし、教員の立場からすると、九千億円分のただ働き続けていることになる。文科省や中教審委員は、勤務終了後は、ほとんど「ただ働き」に近い状態でも、黙々と働き続ける教員の思いに寄り添い、その期待に応えるべきだ。

しかし、中教審と文科省は、給特法を抜本的に見直さないという結論をだした。[16]

わたしが尊敬する教育哲学者、苫野一徳は、ヘーゲルは人間的欲望の本質論から社会構想原理を導出した哲学者と述べている。そして、公教育の本質を「各人の〈自由〉および社会における〈自由の相互承認〉の〈教養＝力能〉を通した実質化」と定式化した。[17]〈自由〉とは、「私たちを制限している自らの諸要望を十分自覚し、その上で、できるだけ納得して、さらにできるなら満足して、「生きたいように生きられている」という実感を得ることにある。[18]

人間的欲望の本質である〈自由〉を最も十全に達成するための根本的な社会条件は、社会が〈自由の相互承認〉の理念に基づいて設計されていることである。それが、近代社会の構想原理である。[19]

自らの自由のためには、わたしたちは他者の自由をも承認できる存在でなければならない。

各人の自由を保障するためには、社会を「自由の相互承認」の理念に基づいてつくる必要がある。そして、個々人が、「自由の相互承認」の感度を高める場が、公教育である。つまり、公教育は、近代社会の一番根底を支える原理[20]に立って構想される必要がある。

長時間労働のなかで、教職員は、「生きたいように生きられている」と感じることができているだろうか。学びたい時間もなく、家族との時間も削られ、命をも奪われる可能性が高い職場で、自由を感じることができるだろうか。

教職員には、自らの自由と他者の自由をも承認できる感受性が求められる。それは、教職の専門性において最も重要なことである。その感

14 内田良「教員の残業　文科省『自発的なもの』　過労死事案から教員特有の厳しい状況を明らかにする」（最終確認日2018年11月5日）。https://news.yahoo.co.jp/byline/ryouchida/20180731-00091402/

15 17年11月28日に行われた中教審「学校における働き方改革特別部会」第8回会合の終盤、清原慶子・東京都三鷹市長の質問に文科省が回答。

16 中教審答申（2019年1月25日）「新しい時代の教育に向けた持続可能な学校指導・運営体制の構築のための学校における働き方改革に関する総合的な方策について」

17 苫野一徳『どのような教育が「よい」教育か』（講談社、2011）139頁。

18 前掲書112頁。

19 前掲書121頁。

20 苫野一徳『はじめての哲学的思考』（筑摩書房、2017）22頁。

受性を高めれば高めるほど、子どもたちの〈教養＝力能〉を育むことにつながる。ＡＩ時代に必要な「人間教師の専門性」は、自らの自由と他者の自由をも承認できる感受性の豊かさである。

ある教員がテストの採点をしたとする。勤務時間内は労働、勤務時間を一秒でも過ぎると労働ではなく、「自らの意思で、勝手に、好きで、居残っている活動」となる。それを合法と認めるのが給特法である。こうやって、教員の労働時間は、増え続けてきた。

その結果、多くの教員から、家族と過ごす自由、恋人と過ごす自由、一人でボーっとする自由を奪ってきた。自由を奪われた人間は、他者の自由を承認する感度が低くなる。教員自らの自由の相互承認の感度が低くなることは、子どもたちの個性、多様性を承認する感度にも影響する。

このようにして、教員の長時間労働は、子どものよりよい育ちを実現するためにも、解消されなければならない。教員の長時間労働を招いている要因の一つ、給特法は、公教育の原理に立ってその改廃を検討する必要がある。

# 教職員過労死10年で63人

## 公立校　専門家「氷山の一角」

過労死と認定された公立校の教職員が2016年度までの10年間で63人に上ることが、地方公務員災害補償基金（地公災）への取材で明らかになった。教職員の長時間勤務が問題となっているが、政府は過労死の数を把握しておらず、認定された数が公になるのは初めて。専門家は「他業種との比較は難しいが、認定申請すらできずに泣き寝入りしている遺族も多く、認定されたのは氷山の一角。政府は早急に実態を把握すべきだ」と指摘する。

（3面にクローズアップ）

毎日新聞は47都道府県と20政令市にある地公災の全支部に対して1月にアンケートを実施。業務での過重な負荷による脳・心疾患が原因で死亡、または精神疾患で自殺したとして、07～16年度の10年間に公務災害に認定された公立の幼稚園、小中学校、高校、大学などの教職員や教育委員会職員の数を尋ねた。

この間に認定申請があったのは92人で、認定されたのは63人。申請から認定までは1年以上かかるのがほとんどで、63人には07年度以前の申請分も含まれる。

支部別で認定が最も多かったのは東京都の8人で、神奈川県6人、宮城県5人、大阪府4人と続いた。大半の支部が性別や死亡の経緯を「個人情報の保護」を理由に伏せる中、東京都は内訳を小学校教員5人、中学校教員2人、高校教員1人で23～57歳、神戸市は中学校の52歳の男性教頭1人だったと明らかにした。

公務災害補償は、民間労働者が対象の労災とは制度が異なるため、厚生労働省が毎年公表する過労死件数には含まれない。政府は昨年12月、過労死した教職員の人数を尋ねた立憲民主党の長妻昭衆院議員の質問主意書に対し、「発生件数について網羅的に把握していない」とする答弁書を閣議決定している。

文部科学省の3年ごとの調査によると、死因は公表されないものの、在職中に死亡した公立校の教員は09年度以降、400～500人で推移している。

別の調査では16年度に中学校の教員の6割、小学校の3割が過労死ライン（時間外勤務月80時間）を超えて働いている実態が判明した。

教員の労働問題に詳しい樋口修資・明星大教授（教育学）は「学校では勤務時間の把握が遅れているため、公務災害の認定申請をするのも難しいのが実情だ。政府は教員の働き方改革を進めるなら、長時間勤務の最悪の結果である過労死の実態をまず把握すべきだ」と話している。

【伊澤拓也】

資料2　毎日新聞2018年4月21日

# 第Ⅱ部

# 第4章　奇跡的に命だけは助かった

「大ちゃん、大ちゃん」

「親父、大丈夫か？」

「お父さん、死んじゃダメよ。目を開けて！」

遠くで、由紀、大翔、葵の声が聞こえてきた。

大輔が目を開けると、涙で顔をくちゃくちゃにした三人がいた。大輔が倒れた翌日に、三人は集中治療室で大輔と面会はできた。

「……」

大輔は、声を出そうと思っても出なかった。

「大ちゃん、私の声が聞こえる。聞こえたらうなずいて」

大輔は、何も反応をしなかった。

それを見て、三人は、とまどったような表情をした。

「親父、しっかりしろよ」

「お父さん、返事をして」

由紀が、「病院よ、集中治療室。覚えていないの。玄関先で倒れて、救急車で運ばれ、緊急手術をしたのよ。何も覚えていないの」と声をかけたが、反応はなかった。

自分の身体が点滴のチューブ、心拍計ともつながっていたことはわかった。

「北村さん、北村さん、声が聞こえますか？」

医師の声にも反応をしたくてもできなかった。かろうじて、首を動かして、自分の意思を伝えようとした。そのとき右手、右足が動かないことに気づいた。

家族や医師の呼びかけにも、大輔はほとんど反応もせず、いつのまにか、気を失っていた。

医師が言った。

「今日は、これくらいにしておきましょう。集中治療室の外で病状を説明しますから」

集中治療室から出た三人に、医師は、奇跡的に大輔の命は助かったこと、ただ、言葉がしゃべれないこと、右手足が動かない状態になったことを伝えた。

「先生、もう回復はしないのでしょうか」

「大ちゃんは、教員を辞めなくちゃならないの。これから私たちどうやって生きていくのよ」

三人とも、医師の説明にたいへんなショックを受けた。

「二週間ほど集中治療室に入ってもらうことになると思います。日が経つにつれて、意識ははっきりとしてくると思いますから、ご安心下さい。その後、容態を見ながら、リハビリを始めたいと思います。リハビリ次第では、以前ほどではありませんが、話もできるようになるし、右手が使えたり、足を引きずりながらでも、歩けるようになると思います」

医師の説明を聞いて、三人は少し安心をした。

「リハビリには、どれくらいかかるのでしょうか」

「学校に復帰することはできますか」

「それは何ともいえません。ご本人のがんばりやご意思もあるし……」


由紀は、翌日、学校に訪ねていき、校長先生に、大輔の病状を説明した。

花咲校長は、由紀と会うなり、深々と頭を下げた。

「私の監督不行き届きで、北村先生をこんな状態にさせてしまいました。大変、申し訳ございませんでした」

「校長先生、顔を上げてください。家族としては、命が助かっただけでも幸運だと思っているんです。ただ、学校にもう一度、復帰できるかどうか……」

「北村先生は、本校でも中心的な役割を担っている先生ですし、先生方や子どもたちからも慕われています。なんとしても復帰してほしいです。リハビリ期間が少々長くかかってもいいですから。そのがんばりを子どもたちにも見せてほしいです。私たち教職員も応援しますから」

由紀は、花咲校長の気持ちにふれて、目頭が熱くなった。

「校長先生、ありがとうございます。これからの家族の生活のことを考えても、私たちも夫にもう一度仕事ができるような状態になってほしいのです」

その日の放課後、臨時の職員会議がもたれた。

ピリピリとした雰囲気のなかで、全員が沈痛な表情をしていた。花咲校長は、大輔の病状について説明をした。「一命はとりとめられました。本当に安心しました。まだ、それ以上、詳しい情報は入っていません」

それを聞いた瞬間、「おー、よかった」、「安心した」……という声があがり、拍手が起こった。

「いつ頃、退院できそうなのですか」「復帰は可能なのですか」という質問もあったが、校長はあらためて「これ以上、詳しいお話を聞けていません」と答えた。

「北村先生には、私たちのサポートをしてもらっていたし、教職員の数が足らないなかでずいぶんと無理をお願いしてきました。私たちにも責任があります」

自分たちの責任を声にする意見が続いた。教育委員会が、欠員となっていた教職員を補充してこなかった責任を問う声もあった。

それに対して、花咲校長は、「教育委員会も北村先生の代わりの先生は一刻も早く見つけるよう全力をあげると言っています。それまでは、全員の力を合わせて乗り切っていきましょう」と発言した。

「当然じゃないか」

「何から何まで現場の我々に任せて、教育委員会は何をしてくれたんだ」という意見もあった。

「大輔先生の今後のことを考えても、公務災害申請をしましょう。認定されれば、ご家族の生活にとっても助かります」という発言が上がった。その発言は杉山先生だった。

「北村先生は、あまりに多くの業務があり、それをこなすために、長時間労働や重い責任を負った結果、倒れてしまったんです。公務災害に認められて当然です。たまたま、今回は、命だけは救われましたが、仮にそうでなかったら……」

杉山先生は、発言の途中で絶句した。

誰からも発言はなく、しばらく無言の状態が続いた。

「私も、公務災害の申請をするべきだと思います。ただ、仕事中の事故によるケガならば、公務災害は認められやすいのですが、長時間労働による脳出血を公務災害として認めさせるのはとてもむずかしいと聞いたことがあります。しかも、公務災害の申請をするかどうかは、北村先生とご家族が決めることです」

教職員が仕事中にケガをしたとき、公務災害の申請手続き書類を作成したことがある事務職員の片桐先生が、険しい表情を浮かべた。

「長時間働いていたかどうかは、勤務時間の自己申告書を書いているし、その記録を見れば、すぐにわかるじゃないですか」

教職員のやりとりを聞いていた教頭は、「まずは、家族の方に相談すべきではないでしょうか。公務災害申請をするかどうかは、本人、またはご遺族の意思によると聞いています」と述べた。

「校長先生、北村先生のご家族を説得しましょうよ。やりましょう、校長先生！」

しかし、花咲校長は、その場では、なぜか「そうしましょう」とは言わなかった。

職員会議終了後に、組合の会議がもたれた。その場では、職員会議では発言をしなかった教職員からも、公務災害申請をしようという積極的な声が次々と出された。

「しかし、校長先生は、公務災害申請をすることに賛成をしませんでしたね」

「校長先生の管理責任が追及されることにもなるからでしょ」

「それは、どうかなあ。校長先生も職員が働きやすい職場をつくるために一生懸命だったし……。それにしても、花咲校長先生だったら、すぐにやりましょうって、言うと思っていたのに、今日は、歯切れがよくなかったなあ。一体、どうしたんだろうか」

「仕方がないじゃないか、管理職の責任もあるのも事実だし」

杉山先生は、「われわれの力だけじゃ、無理だ。組合の役員の松井さんにもすぐに相談してみようじゃないか。僕が、松井さんに連絡をしてみてもいいですか」という提案し、その日の組合の会議は終わった。

その夜、杉山先生は、組合の事務所に立ち寄った。学校を休職し、組合の仕事だけに専念している松井先生に会うためだった。松井先生は、組合の役職としては、書記長という実務上のかなめとなる人だった。

「職員会議、その後の組合の話し合いでも、北村先生が脳出血で倒れたことは長時間労働が原因だということを証明し、公務災害申請をしようという意見が多く出ています。ただ、校長先生から、まだ、了解を得ていませんでしたが」

「そうですか。杉山先生の学校では、タイムカードとか、パソコンによる勤務時間の記録をとっていらっしゃいますか。脳出血が長時間労働によるものかどうかは、客観的な勤務時間の記録があるかどうかが、まずは重要です」

「はい、エクセル表に自分で出勤、退勤の時間を記録し、一か月ごとに集計して、教頭先生に提出することになっています」

「えっ？　自己申告なのですか？」

「そうですよ。でも、記録はあります」

「制度上は、自己申告の場合、それが、正しい勤務実態を表しているかものかをチェックする機会を持つべきだということになっています[1]」

「はっ？　それはどういうことですか」

「つまり、自分で出勤、退勤の時間を記録するわけですから、必ずしも客観的ではないわけです。

そこで、自己申告内容が正確かどうかについて、チェックをするわけです。教員には、給特法によって勤務時間の指針が定められているのは、ご存知ですよね。ただ、自己申告の場合、後日チェックするという注意事項が書かれていません。指針の不備です」

「例の一か月間の時間外勤務が四十五時間を超えてはならないっていうものですね。管理職も教育委員会からその時間を超えないようにとずいぶん厳しく『指導』されています。たしか、三年くらい前からはじまりましたよね。業務を効率化しろとか、行事を減らすためにいろいろ職員会議で議論をしましたよ。教職員一人一台のパソコンも揃えられたし、コピー機も二台になりました。たしかに、以前に比べたら、みなさん早く帰っているようですけど、自分が担当する授業時間数が減ったわけではないし、学校行事や年間三回もある学力テストが減ったわけでもありません。あんまり仕事の量は変わっていません。そのため自宅に仕事を持ち帰る人が増えただけですよ。今年は、生活指導に時間がかかる生徒も増えてきていますし、勤務時間が終わった後、保護者からのクレームの電話も相変わらずかかってきます。そんなことに対応をしていたら、時間外勤務四十五時間なんて、あっというまに超えてしまいますよ。松井先生も、ご存知だと思いますが、今、うちの学校は、先生の数が足らないんです。そのため、教頭先生も体育の授業を持っているくらいですよ」

1 労働時間の状況の把握について、安全衛生規則第52条の7の3第一項の規定により、やむを得ず、自己申告による勤務時間の把握をする場合は、自己申告により把握した労働時間の状況が実際の労働時間の状況と合致しているか否かについて、必要に応じて実態調査を実施し、所要の労働時間の状況の補正をすることと定めてある。

「そのような話は、他の学校でも起こっていると聞きます」

「学校内で勤務する時間を減らすこと自体が目的になってしまっています。何のための働き方改革か、誰も真剣に考えたことはありません。一か月の在校時間が八十時間を超えると、医師の面接を受けることになっています。そうならないよう、過少申告をする人もけっこういます。実は、私もそうなんですけど……」と杉山先生は、頭をかいた。

「先生たちの健康を守るために法律で定めてあることですよ」

「法律で定めているんですか！　そんなに大事なことなのですか」

「そうですよ。一か月の労働時間が八十時間を超えると脳出血や精神疾患にかかるリスクが高くなると言われており、医師の面接を受けて、健康上の問題がおこっていないかどうかをチェックしてもらうことがねらいです」

「へえー、初めて、そんな話を聞きました。同僚のなかには、医師の面接を受ける暇があるくらいなら、目の前にたまった仕事を片付ける方が大事だという理由で、八十時間を超えないように自己申告をする人がほとんどですよ」

「えっ？　管理職は、そういう実態をご存じなんですか」

「多分、知っていると思いますよ。何度か、過少申告をしないようにという通知が教育委員会から来ています。先生方、気をつけてくださいって、注意を受けましたから。しかし、そんなきれいごとを言っていては、学校は回らないんですよ。特に、今は」

杉山先生は、少し興奮してきた。それを察したのか、松井書記長が口を開いた。「話を北村先生の公務災害認定のことに戻しましょう。地方公務員の公務災害認定は、本人、または、遺族が公務災害の申請をする必要があります。申請書類をつくるのも、本人、遺族になります。長時間労働だったということを証明するために、何時間くらい仕事をしていたかを半年前、二か月前、そして一か月前にさかのぼって、明らかにする必要があります」

「そんなに大変なのですか。北村先生やご家族にはとても無理ですよ」

「そのとおりです。ですから、職場の仲間、管理職の協力が必要です」

「今日、校長先生が積極的な態度を見せなかったのです。どうしてだろうかと思いましたが、管理職の管理監督責任が問われるからじゃないでしょうか」

「そうかもしれませんね。ただ、公務災害は、管理職の責任を問うものではありません。花咲校長先生のような誤解をされている管理職の方が多くいます。地方自治体が、共同してお金を出し合ってプールし、万が一、職員がケガをしたり、命を失ったりした際の補償制度なのです。いわば、地方公務員の最後のセーフティネットですよね。助け合いの制度と言ってもいいかもしれません。杉山先生、まず、校長先生に災害補償制度のことについて正確に理解をしてもらうよう話をして、協力を得るように説得をして下さい。次に、タイムカードなどの客観的

な勤務時間の記録がないようですから、自己申告が正確かどうかをチェックする必要がありま
す。そのためには、同僚の先生たちの協力も必要になります」

「わかりました。早速、みなさんと相談してみます」

「校長先生の協力が得られないようでしたら、私も説明に行きますから。また、組合がお世
話になっている弁護士にも相談をしてみます」

「費用はどうされるんですか」

「それくらいは、組合でなんとかしますよ」

「さすが、頼りになりますね。ありがとうございます」

# 第５章　勤務時間を過少申告していた問題が発覚するかもしれない

翌日、杉山先生は、組合の仲間を集めて、松井先生から聞いた話を説明した。日ごろから、教職員の話をよく聞いたり、組合でよく集まってぐちをこぼしたり、自主的な読書会をしていたこともあり、すぐにみんなの気持ちは一つになった。

杉山先生と組合の仲間数人は、校長先生とのあいだで、公務災害申請をするために協力していきましょうという話し合いをもった。組合役員の松井さんから聞いた話も含めて、公務災害認定制度の目的や管理職の管理監督責任を直接問うものではないことを話した。ところが、校長先生は、「わかった」とは言わなかった。むしろ、その表情はこわばり、黙って話を聞くばかりだった。一人ひとりの教職員を大事にする花咲校長にしては珍しい反応だった。

杉山先生が、「校長先生、何か、気になることがあるのですか」

校長先生は、下を向いた。

「実は、三年前に勤務時間のガイドラインが示されましたよね。そして、各学校でも、仕事や行事の削減をするように教育委員会から強く指導されました。私も、登校時の交通指導などを地域の人たちだけでやっていただくようお願いしたり、本校の伝統行事である体育祭の縮小をしようとＰＴＡ役員の方などと話し合いをしてきました」

この学校の体育祭では、八段のピラミッドをつくるのが伝統だった。そのためには、かなりの練習時間がかかり、体育祭の時期には、教職員の長時間労働にもつながっていた。何よりも、毎年、けが人が出ていた。骨折をする子どもたちもいた。二〇一六年三月にスポーツ庁は「組体操等による事故の防止について」という通知を出して以降、全国一斉に、組体操指導の見直しが進んだが、この学校では、ＰＴＡ会長のＯＢとか地域の町内会長などが、「この中学校の伝統行事だ」「みんなで力を合わせて完成したときの感動こそ大切な教育だ」などという声があり、依然として続けてきた。また、秋には、地域に住民も参加した文化祭もあった。保護者もバザーや出し物、クラス対抗の合唱や催しをする一大イベントだった。その準備は、時間もかかり、生徒も夕方遅く残ったり、教職員とＰＴＡとの打ち合わせもあった。当日は、地域住民も参加するなど、地域のつながりを深めるのに一役買っていた。

花咲校長は、巨大組体操の廃止など体育祭のスリム化、また、この文化祭のスリム化をしようと、ＰＴＡ役員と話し合いを続けた。しかし、地元の有力者から「自分たちがこの中学校で学んでいたときに、仲間と一緒に一つのことを成しとげる経験をするのに役立った行事を縮小するのは反対だ」「私たちの思い出を奪うのか」という罵声も浴びた。それでも、花咲校長は、諦めず、説得をし、二つの行事のスリム化を実現した。スリムにするだけではなく、内容を工夫し、子どもたちが成就感や感動を得られるような工夫もした。

「先生方の理解も得ながら、業務の削減をやってきました。また、部活動についても、週一回のノー部活デー、土日のどちらかは、必ず、休みとすることなどを決めました。しかし、特に、北村先生が担当されていたバスケット部は県内でも強豪校ですから、部活動に熱心な保護者からのこの方針に対する理解を得ることがなかなかできていません。バスケット部も含めて部活動の外部指導員を増やすよう教育委員会には強く要望をしてきましたが、お金がないの一点張りで、それもかないません。保護者が、自分たちで対外試合に連れて行くとまで言われるので、北村先生にはその引率をお願いせざるをえなかった。それに、修学旅行の引率まで……。その結果が、このようなことを招いてしまった。私の監督責任は免れません」

「それは、校長先生だけの責任ではありませんよ。この学校では、全国学力テストだけじゃなくて、県と市の学力テストもあるじゃないですか。しかも、市の学力テストは、平均点を市教委のホームページで公開しています。我々も、必要ないかなあと思いながらも、学力テストの事前準備をしているじゃないですか。特に、四月の全国学力テストが終わった日は、生徒全員の解答用紙をコピーし、一週間以内に、校内で独自に採点と得点が低かった子どもへの個別指導計画と年間の指導計画を立てて、市教委に報告をすることになっているじゃないですか。今年からコピー機が二台になったので、コピーをする時間はかなり短くなりましたが、去年までは夜おそくまでかかってコピーをしていました。教職員の多くは、いったい、我々は何をやっているんだと疑問に思いながらも、やっていた。四年前に働き方改革を各学校で進めるようにという指導があったときにも、職員会議で、文科省、教育委員会自らも、仕事を減らすべきだという意見が多くあったと思います。特に、一年間に三つも学力テストをする意味は、ないですよ。それを求めても、実現をしていないんですよ」

「私も個人的には、そう思いますが、市の校長会で職員会議での意見を出しても、まとまらないのです。まとまらない以上、市教委へ要望をしてもなかなか説得力を持ちません。ほんとうに申し訳なく思っています。学校の自助努力だけでは、仕事を減らすことも限界があることもわかっています。だから、とんでもないごまかしを続けてきたわけです」

「一体、それは、どういうことですか」

「三年前に勤務時間の指針が示され、必要な仕事を学校で行っていた場合、在校等時間として記録することになりましたよね。また、一年単位の変形労働時間制もはじまりました、管理職としては、今の人員と仕事量のなかで、指針で示された勤務時間の上限の時間以内で先生方に仕事を終えてもらうのはとても大変だと思っています。でも、一か月ごとに教職員一人ひとりの時間外勤務時間を教育委員会に報告しなければならないのです。教育委員会から、上限を守るよう厳しく言われるし、申告で記録された時間外勤務時間以上に、勤務されている先生がいるのを見て見ぬふりをせざるをえませんでした。また、土日に出勤されていた先生が記録を残しておられなかったことも聞いていました。北村先生もそのお一人です。北村先生の勤務時間を明らかにしようと思ったら、私が見逃していたこともわかってしまう。つまり、教育委員会に報告していた勤務時間の記録には、虚偽があったことがはっきりするのです。しかも、自己申告の場合、それが正確な勤務実態を示しているかどうか調査することが法律で義務づけられていますよね。それもやっていません。当然、私の責任は免れません。処分されるかもしれれません。それが怖くて、公務災害申請をみんなの力でやろうという踏ん切りがつかなかったのです」

しばらくのあいだ、一言も話すものはいなかった。杉山先生が、声をふり絞るように言った。

「そうだったんですか。でも、虚偽の記録をしていたのは、教職員自身にも責任があります。校長先生だけではありませんよ。しかも、先生の数が足らないにも関わらず、お金がないの一点張りでなかなか人を見つけてこなかった教育委員会にも共同責任があります。なにができるかわかりませんが、私たちも校長先生を守りますよ。だから、一緒にやりましょう」

その場にいた、他の教職員からも「一緒にやりましょう」という声があがった。

「杉山先生、みなさん、ありがとう。四月以来、大変な状態のなかで、みんなで力を合わせてやってきました。でも、北村先生がこんなことになってしまった。管理職としての責任を痛感しています。私がすべきことは、北村先生は仕事が原因で倒れたことを公に認めさせること、そして、教育委員会に対して、言うべきことを言うことかもしれませんね。私は、処分を受ける覚悟でやりますよ。今年度で定年ですからね」

花咲校長は、何か吹っ切れた表情で、笑顔で、自分の決意を述べた。

「校長先生、ありがとうございます。公務災害認定は、北村先生ご自身が決心をされて、申請をしなければなりません。病状の回復を待って、北村先生を説得に行きましょう。それまでに、自己申告された時間外勤務以外に北村先生が何時間くらい勤務をされていたのかをみなさんの記憶を頼りに明らかにしていきましょう」

花咲校長と杉山先生は、北村先生の自宅を訪れた。

「北村先生のお具合はいかがですか」

「ありがとうございます。日に日に、意識もはっきりしてきて、もうすぐ集中治療室から一般病棟へ移れるかもしれません。でも、まだ、自分の意思を言葉で伝えることができなくて、それに、右手、右足がほとんど動かないのです。このままでは、学校へ復帰するなんてとてもむずかしいです。大翔や葵の将来のことを考えると、とても不安です」

「そうなんですか。でも、北村先生は努力家だから、リハビリをしてきっと元のようになられますよ」

「そうだったら、うれしいんですけど。こればかりは、神様に祈るような気持ちです」

「ところで、北村先生が回復されてきたら、公務災害申請をされませんか？」

「公務災害申請って、何ですか？」と由紀が尋ねた。

杉山先生は、民間企業で働く人たちにとって言えば、労働災害（労災）にあたるものであること、ただ、地方公務員の場合は、事故にあった本人か、遺族が申請を決意し、書類作成などをしなければならないことを説明した。

「そんな気持ちの余裕も、また、書類をつくるなどの力もありません。とても無理ですよ。それに、校長先生の責任を追及するようなことになってご迷惑をおかけするんじゃないですか？

また、教員の勤務に関する特別な法律によって、放課後の部活動などは、『教員が好きでやっているのであって、仕事として認められていない』と聞いています。そうなると、主人の場合だって、ほとんど長時間にわたって仕事をしたことにはならないんじゃないですか」

杉山先生は、公務災害については「教員が好きでやっていた業務」であっても、その職務上、必要と判断される場合には仕事と認められ、公務災害申請では、「勤務時間」と認められると説明をした。

「それって、変じゃないですか？　主人の場合、いつも遅くまで仕事をしているのは、教員として、部活動の顧問としての責任上、やらなければならないからやっていたんですよ。にもかかわらず、時間外勤務手当も支給されない、ただ働きなんでしょ。実は、そのことをめぐって、家族のなかでも、すごくもめたんです」

由紀は、大輔が倒れた前日の夕食時の話をした。

校長先生、杉山先生も、大翔が大輔に話をした「一か月の残業時間が八十時間だったとすると、一時間二百円の残業代にしかならない」ということにひどく驚いたようだった。

「それは、そうなんですが、公務災害の場合には、勤務として認められる場合があるんですよ。だから、公務災害申請の手続きを始めませんか。お願いします」と校長が頭が下げた。

「お気持ちはうれしいのですが、今は、ちょっと、その気になれません。まだ、夫は、命は助かったものの、これまで通りのような生活ぶりになれるかどうかわからないじゃないですか。今は、夫に元気になってほしい。それだけで十分です。それに、夫が倒れたのは、他の先生が倒れられて、その代わりの先生が見つからないことから、負担が増えたからだと聞いています。何か月も代わりの先生を見つけてこなかった教育委員会の責任は、だれがとるのですか？　私は、校長先生にも、もっとしっかりしてほしいと少し腹がたっていましたが、今日こうやってお話に来ていただき、校長先生もご苦労が多いこともわかりました。一緒にバスケット部の顧問をしていた先生がけがをされたとき、公務なんとかの手続きをされているのですか」と厳しい口調になった。

「えっ？　それは、まだです。教育委員会にも北村さんのお気持ちを伝え、しかるべき対応をするようお願いします。とにかく、やってもらえませんか？」

「お話を聞いて、夫だけ公務災害申請をするっていうことは、納得がいきません。教育委員会のことはお任せします。どちらにせよ、もっと、先生方の命と健康が守られるような職場を一刻も早くつくって下さい」

二人は、少しがっかりしたような表情を浮かべながら、「そうですよね、倒れられてまだ十日ほどしか経っていませんので、お気持ちの整理もつかないと思います。少し、時間をかけてお考えになって下さい」と言い残して帰っていった。

二人は北村さんの自宅を後にした。「たしかに、北村さんの連れ合いさんの言う通りですよね。北村先生と同じ部の顧問だった井口先生がアキレス腱を切ったとき、中体連の大会で審判中の事故だったため、教育委員会に公務災害になるかどうか問い合わせをしたら、大会の審判をしているときの事故は公務にはならないと説明されました。私たちは変な話だなあと思いながらも、教育委員会の言われるままで、何の行動もしませんでしたからね」

「北村先生は、生死にかかわるようなことだったので、我々も必死になっていますけど……、私たちは、おかしいと感じたことをもっと声に出して、変えるための行動力が足らなかったのかもしれません」

「校長先生、井口先生も含めて、公務害申請の手続きをするようやってみませんか」

「二件もするって、そりゃ大変だぞ」

「よくわかりますが、北村先生の連れ合いさんがお話しされた通りです」

「問題は、勤務時間の過少申告の実態があることだよなあ。勤務時間の指針で定められた時間を守ることが目的となり、本当にその時間が正確な労働時間の記録かどうかを確認する必要があります。私と教頭先生が、『はやく帰宅してください』というだろ、そのため持ち帰り仕事が増えたり、土日に出勤して、事務処理をしている先生方が増えているような気がするんだよ」

「たしかにそうですね……。過少申告は、自分もやっているし。こんなことにでもならなければ、特に、問題になることもなかったでしょうけど、公務災害申請をする際、過少申告をそのまま認めたら、長時間労働の実態もつかめないですしね」

# 第6章　勤務時間の過少申告問題で脅される校長

花咲校長は、翌日、教育長に、井口先生、北村先生の公務災害認定を申請することを告げに行った。

教育長は、「校長先生、北村先生にはお気の毒でしたが、命が助かっただけでも幸運ですよ。公務災害申請をすれば、教員の長時間労働問題が公になるし、世間で騒がれることになりますよ。ご家族もまだ、同意されていないんでしょ。それに、学校からの勤務時間の報告を見ても、多くの先生方が、法律で決められた勤務時間の指針通りに働いていらっしゃるじゃないですか。あなたや私の管理責任も問われることになる。まあまあ、ここは、穏便にすませたらどうですか？」

「穏便？　それはどういうことでしょうか。地方公務員災害補償制度は、地方公務員、その遺族の最後のセーフティネットですよ。管理監督者の責任を直接問うものではありません。北村先生の命は助かったものの、仕事に復帰できるかどうかわかりません。万が一の場合、お二人のお子様の将来にも深刻な影響を与えます。校長としては、法律に沿ってこの制度を活用して、少しでもご家族が、安心して生活を送れるようにする責任があります。教育委員会も同様ではありませんか」

教育長は、びっくりしたような表情をした。普段とはちがう、花咲校長先生の迫力を感じたからだった。

「ただ、ご本人と奥様の同意を得る必要がありますよね。それと、脳出血が公務の要因かどうかを調べるには、北村先生の勤務時間の記録など、かなり大変な作業が必要です。職員の方の協力も必要です。その覚悟はできていらっしゃるのですか」

「もちろんです。ただ、教育長にもよくお考えになってほしいことがあります。教職員の服務監督権者は、教育長です。法的には、私が、教育長の委任を受けて服務監督を行っています。服務監督者として、以前からお話をしているように、本校では、今、二人の先生の欠員があるんですよ。しかも、問題行動を起こす子どもたちも後を絶たないし、先生方の勤務状況は、どんどん厳しくなっています。しかし、未だに解決をしていない。部活動指導員の増員だってそうです。校長の裁量権だけでは、今の超過勤務の実態を変えることは難しいです。先生方は、みなさん、子どもためにと思って一生懸命仕事をされています。でも今回のようなことがあると、『地獄への道は、善意で舗装されている』ということわざと重なります。つまり、今回のように、子どものためにと、良かれと思ってやったことが、悲劇的な結果を招くこともあるということです。教育は、崇高なものであるがゆえに、ついついやり過ぎてしまい、子どもの命や健康をも奪ってしまうことになるということです」

教育長は、厳しい顔つきになった。それに押されることなく、花咲校長は続けた。

「勤務時間の指針の時間内に収まっているかどうか、調べてみなければわかりませんよ。それに、本市内の学校は、出勤、退勤の記録は、自己申告制じゃないですか？　その場合、自己申告が正確にされているかどうか、実態調査をするというのが法律で定めていることらしいじゃないですか。私は組合の方からそれを聞いて、ドキッとしました」

「教師ですから、そんなごまかした記録をする人はいないでしょ。事実と異なるような記録をすることがないよう、各校長先生には何度も指導しています。校長のマネジメントの問題でしょ。一昨年から、勤務時間管理などが適切に行われているかを管理職の人事評価の項目にも入れましたよね。花咲校長もよくご存知でしょう」

「でも、校長への説明では、自己申告の場合、正しく記録されているかどうか実態調査するなどという話はなかったですよ」

「それは、文科省や県教委からの通知には書いてなかったからです」

「だったら、それらの通知が不備だと言わざるをえませんね。

しかも、長時間労働の原因となっていることから、本校の教職員からも強い要望がある市独自の学力テストにしても、いつまで続けるのですか。教育委員会は、学校に対して、働き方改革を積極的に進めるように言いますけど、教育委員会としての思い切った施策の転換などありませんでしたよ。部活動のガイドラインにしたって、すべて学校任せ。教育委員会がもっと前面に出て、保護者や地域住民に理解を求める活動をやって下さい」

ますます教育長の顔つきは厳しくなった。握りこぶしがブルブルと震えていた。

「我々も、県教委から、新学習指導要領の着実な実施を求められ、その検証のために市独自の学力テストもやっているんですよ。おかげで年々学力も向上している。これも先生方の努力のおかげだと、感謝していますよ」

「ちょっと待ってください。先ほども、私は、『地獄への道は、善意で舗装されている』とお話をしたじゃないですか。すでに、本校の教職員は、限界を超えて働いています」

「教育委員会への勤務時間の報告では、みなさん、指針をほぼ守っていらっしゃると聞いています」

「教育長、みなさんは、ご自宅に仕事を持ち帰って仕事をされています。学校に在校している時間が少なくなったからといって、実労働時間が減っているわけではありません。突然、教育委員会からは、いじめの件数を報告しろなどといわれるじゃないですか。そういった事務処理は、決して減っていませんよ」

「我々も努力をしているつもりです。ただ、議員の方からいろいろ質問を受けて、議会で答弁をしなくてはならないのです。申し訳ないと思いつつ、調査内容を簡略化してお願いしています」

教育長は、花咲校長が公務災害申請をするので、教育委員会としても全面的に協力をしてほしいという要望に「協力はしない」とは言わないが、けっしていい顔をしなかった。そして、最後にこう言い放った。

「公務災害申請のお手伝いをされるのは、校長先生のご判断ですから。ただ、公務と認めた時間が勤務時間の指針を超え、出勤・退勤の記録に虚偽があった場合には、管理監督者としてのあなたにも何らかの処分があることになると思いますよ。保護者や社会からの信頼も失うし、そのあたりをよく考えて判断してください」

「それは、私への脅しですか。これは、地方公務員災害補償制度そのものへの挑戦といわざる得ませんね」

二人の関係は、非常に気まずいものとなった。

## コラム・中教審答申の概要

「新しい時代の教育に向けた持続可能な学校指導・運営体制の構築のための学校における働き方改革に関する総合的な方策について（答申）」の概要を紹介しておこう。

**はじめに**

文科省及び教育委員会等が今まで以上に本気で取り組むことが必要。特に、文科省には、働き方改革に必要な制度改正や教職員定数の改善などの条件整備、学校と社会の連携の起点・つなぎ役としての機能を、前面に立って十二分に果たすことを求める

〝子どものためであればどんな長時間勤務も良しとする〟働き方は、教師という崇高な使命感から生まれるものであるが、その中で教師が疲弊していくのであれば、それは〝子どものため〟にはならない。

**第1章　学校における働き方改革の目的**

1　高い成果を上げている我が国の学校教育を持続可能なものとし、新しい学習指導要領を円滑に実施していくこと。

2　「働き方改革推進法」（一八年七月）を踏まえつつ、教育基本法などに定められた教育や学校の目的に基づく目標を達成すること。

3　教師がこれまでの働き方を見直し、自らの授業を磨くとともに日々の生活の質や教職人生を豊かにすることで、自らの人間性や創造性を高め、子どもたちに対して効果的な教育活動ができるようにすること。

4　志ある教師の過労死等の根絶を目指すこと。

5　「ブラック学校」といった印象的な言葉が

独り歩きする中で、意欲と能力のある人材が教師を志さなくなることがあってはならず、教師が〝魅力ある仕事〟であると再認識されること。

## 第2章　学校における働き方改革の実現に向けた方向性

1　勤務の長時間化の現状と要因

(1)　本来であれば家庭や地域でなすべきことが、学校に委ねられている「日本型学校教育」の下、学校及び教師が担うべき範囲が拡大してきたこと。

(2)　文科省から学校宛の調査は精選してきたが、教員による書類作成に従事する時間が長い。また、学校行事について、特に小学校において重点化・精選が進んでいないこと。

(3)　縦割りの教育行政であり、学校の業務全体を俯瞰した上で業務の優先順位を付けていく視点が欠けていた。

(4)　給特法の存在も相まって、教員の勤務時間を管理する意識が管理職や教育委員会に希薄だったこと。労働安全衛生体制整備などの意識が十分ではないこと。

(5)　総授業数を増加させた一八年の学習指導要領改訂以降、定数改善をはかったが、十分な効果を挙げていないこと。

2　検討の視点

(1)　勤務時間管理の徹底と勤務時間・健康管理を意識した働き方の促進。

(2)　学校及び教師が担う業務の明確化・適正化

(3)　学校の組織運営体制の在り方。

(4)　教師の勤務のあり方を踏まえた勤務時間制度の改革。

(5) 学校における働き方改革の実現に向けた環境整備。

## 第3章　勤務時間管理の徹底と勤務時間・健康管理を意識した働き方の促進

1　勤務時間管理の徹底と勤務時間の上限に関するガイドライン。

(1) 勤務時間管理に当たっては自己申告方式ではなく、ICTの活用やタイムカードなどにより勤務時を客観的に把握し、集計するシステムを構築すること。この経費は地方財政措置に含まれている。

(2) 「超勤4項目」以外の時間外勤務も含めて「在校等時間」として外形的に把握した時間も勤務時間管理の対象とし、上限のガイドラインを設ける。ガイドラインの実効性を高めるために、その根拠を法例上規定するなどの工夫を図ること（二〇二〇年四月より自治体において規則等で上限を規定）。なお、国家公務員や一般の地方公務員については、罰則を伴う民間の法規の適用除外となっており、教員についても罰則を設けることは慎重であること。

2　一年単位の変形労働時間制の導入（二〇一九年秋までに法律改正、二〇二一年四月より実施）。

3　適正な勤務時間の設定

(1) 非常災害の場合を除き、教員が保護者対応や外部からの問合せ等の対応を理由に時間外勤務をすることがないよう、緊急時の連絡に支障がないよう教育委員会事務局等への連絡方法を確保した上で、留守番電話設置、メールによる連絡対応等の体制整備を図ること。

(2) 部活動ガイドラインを踏まえた適切な活動時間や休養日の設定を図ること。

4 労働安全衛生管理の必要性。

(1) 労働安全衛生法の遵守と整備した体制が適切に機能するよう、文科省は先進事例を把握、周知すべき。

(2) 五十人未満の学校の教職員についても、ストレスチェックに取組み、文科省は、実施状況を調査し、市町村ごとに公表すべき。

## 第4章 学校及び教師が担う業務の明確化・適正化

1 業務の役割分担・適正化を着実に実行するための仕組みの構築

(1) 文科初中局財務課が、教職員の業務量を一元的に管理し、今後学校へ新たな業務を付加するような制度改正等を行う際には、教育委員会の意向を踏まえつつ、スクラップ・アンド・ビルドを原則とする。

(2) 学校や教師・事務職員等の標準職務の明確化をめざした学校管理規則のモデルを周知。

(3) 教育委員会は、各学校・地域で業務が発生した場合には、学校・教師に課せられている過度な負担を軽減。

(4) 管理職は、教職員の働き方を改善する項目を盛り込んだ学校の重点目標や経営方針を設定、自らの権限と責任で学校としての伝統だからとして続いているが、児童生徒の学びや健全な発達の観点からは必ずしも適切とは言えない業務などを大胆に削減すること。また、教職員間で業務を見直し、削減する業務を洗い出す。

2 教師の働き方改革に配慮した教育課程編成・実施。

(1) 指導体制を整えないまま標準時間時数を大きく上回った授業時数を実施することは教師の負担増加に直結するものであり、このような教育課程編成は行うべきはない。

(2) 総合的な学習の時間の一定割合は、家庭・地域との連携が充実している場合は、学校外での学習についても、授業として位置づけることができる。これにより、夏季休業中に、総合的な学習の時間を行うことができる。

(この概要は、教員の長時間労働抑制につながる可能性があると考えられる点を中心に筆者の責任でまとめたものである。)

# 第７章　公務災害申請をするかどうか揺れる由紀

由紀は二人が帰ったあと、これからのことを考えると不安でたまらなくなった。もうすぐ大学進学をする大翔の学費、そして葵のこともある。自分がもう一度教員に復帰しようかとも考えていた。でも、「ブラック職場」と揶揄される学校の長時間労働や過酷な勤務のことや、リハビリがうまくいかない場合の大輔の介護のことを考えると、教員に復帰してやっていけるだろうかという不安もあった。

しかし、まずは子どもたち二人の将来を考えると公務災害補償を受けて、補償金などをもらえるようになることはとても助かる。大輔の姉や義父母にも相談しようと思った。

数日後、義父母に、学校から公務災害申請をしたらというアドバイスをもらったことを相談に行った。義母は、「それはとても助かるじゃないの。書類づくりを応援してくれるともいうし、子どもたちの将来のことを考えても助かるじゃないの」と話してくれた。しかし、義父は、反対だった。「何を言っているんだ。学校にもこんなに迷惑をかけているし、教員は子どもたちのために身を粉にして働く職業じゃないか。滅私奉公が教員というものだ。命が助かっただけでも幸運なんだぞ。お金のために公務災害を申請するなんて、世間から何を言われるかもわからないじゃないか。由紀さん、あなたがもう一度、教員に復帰すればいいじゃないか。それに校長先生には、監督不行き届きの処分がくだされるかもしれないんだろ。これ以上、学校に迷惑をかけるんじゃない」と言われた。

義父の言葉には、とてもショックを受けた。

義理の姉の智子さんにも相談した。智子さんは、「公務災害申請をするのはあたりまえじゃないの。こんな過酷な勤務環境を放置しておいた文科省や教育委員会の責任も追及すればいいわ。実はね、教員は倒れても公務災害申請が少ないっていう話を聞いたことがあるのよ。なぜだかわかる」

「どうしてですか?」

「それは、子どものために働く神聖な職業である教員が、お金のために公務災害申請をするのはおかしいっていう人もあるという噂や批判をする人がいるからよ。つまり、世間体ね。多分、公務災害補償制度の趣旨などがまったく理解されていないことにも原因があると思うの」

「義父さんからも同じようなことを言われました」

「えっ！　ほんと」

「学校に迷惑をかけるようとことをするんじゃない、とも言われました」

「迷惑だなんて！　そうやって、教職員が倒れた原因をあいまいにしてきたことが、今のような悲惨な職場を生んできた原因の一つでもあるのよ。由紀さん、大輔が倒れたのは、健康管理ができていなかった本人の自己責任にされてしまってもいいの」

「本人の責任ではありません。あまりに仕事が多すぎたからです」

「そうでしょ。でも、黙って何もしないということは、何の解決にもつながらないのよ」

「はい、よくわかりました」

「校長先生も含めて、まわりの先生方が、何とか公務災害申請しようという気持ちになってくれているような学校は、珍しいくらいだわ」

「義父さんのことはどうしたらいいでしょうか」

「お父さんは、私が説得するから、任せておいて。由紀さん、公務災害申請をするっていうのは、たいへんな作業が待っているのよ。私にも、これから、心配なことがあったら遠慮なく、なんでも相談するのよ」

「智子さん、ありがとうございます」

「ただ、もう一つ、超えなくてはならない壁があるのよ」

「壁ですか……」

「実はね、長時間労働が原因で脳出血で倒れた場合は、何時間くらいの時間外労働があったかを明らかにする必要があるのよ。それが、とても膨大な作業になり、大変なの。そのためには、管理職をはじめ、同僚の協力が必要なのよ。管理職や教育委員会は、自分たちの管理監督の責任が追及されるのではないかということを恐れて、非協力的な場合があるけど、今回は、学校としての協力体制もできているので、大丈夫よ」

智子の前向きな姿勢にふれ、少し気持ちが楽になった。

# 第８章　「わかりました、公務災害申請の手続きをします」

興奮した保護者のクレームの声で目が覚めた。びっしょり汗をかいていた。

集中治療室の看護師が、「北村さん、お具合、いかがですか？」と優しく尋ねた。

「ぼっ、ぼくは一体どうしたのですか」

看護師に話をしようと思っても、思うように話ができなかった。相変わらず、右手足は動かなかった。

「くわしくは先生から説明がありますから。休んでいてください」

しばらくすると、主治医がやってきた。脳出血で緊急搬送されオペを行った結果、奇跡的も命には別条はなかったと言われた。

「北村さん、手足に不自由があるようですね」

「はっ、はい」

医師が右手を触りながら、「私が触った感覚はありますか」

「はい」

「じゃ、右手を横に動かしてみてください」

右手は動かなかった。左手は不自由なく動かすことができた。

「じゃ、右足を触ります。触った感覚はありますか」といいながら、足の指、ひざなどを触った。

「あります」

「右足を少し上に上げてみて下さい」

大輔は、一生懸命、右足をあげようと思ったが、ピクリとも動かなかった。

「北村さん、無理しなくてもいいですよ。時間の経過とともに、少しずつ動くようになってきますから」

その日の診察は、それで終わった。

集中治療室の真っ白な天井を見ながら、「もう、学校には戻れないな」と思うと、大粒の涙がほおを伝わり、枕を濡らした。それは、大輔に深い絶望をもたらし、全身から力が抜けていくような気がした。

二週間ほど集中治療室で治療後、一般病棟に移された。

毎日のように、家族が大輔に会いに来てくれた。それが唯一の楽しみだった。

ある日、由紀から、「校長先生と杉山先生が家にいらっしゃったことを話したでしょ。そのとき、公務災害申請をしないかって言われたの。その場で決心がつかなくて、お断りしたのよ」という話を聞いた。由紀は、大輔の父親から言われた言葉は黙っておいた。

「それで、智子さんに相談したら、働くものの最後のセーフティネットである公務災害申請をすべきと強く勧められたの。大ちゃん、どう思う」

大輔は、無言のままだった。

「一般病棟に移ったことだから、校長先生や杉山先生が会いに来たいって言われているのよ。会ってみる」

「ううん、どうしようかな」

大輔は、すぐにはわかったとは言わなかった。

「今の状態を見られたくないの？」

「そうだな……。そんなことよりも、学校にたいへん迷惑をかけていることが気になって。自分の健康管理ができてなかったことが原因で、こんな状態になった。公務災害申請はなかなか気が進まないなあ」

「大ちゃん、倒れたことを自分の責任だと思っているの。大ちゃんが、倒れる前に、どれだけ多くの学校の仕事を引き受けたか、思い出してごらんよ。めちゃくちゃだったわよ」

「でも、おれ以外の先生だってがんばっているじゃないか」

「他の先生が倒れていないのは、たまたまだと思うな。五月連休明けから一日も休むことなく出勤して、それに修学旅行の引率まで引き受けて、身体に異変が起こらない方が不思議なくらいよ。本人の自己責任ではなくで、仕事によるもの、公務によるものということを公に認めさせたいわ。そうでもしなければ、私も、子どもたちも到底、気持ちの整理はつかないわ」

「……」

「それに、大ちゃんが倒れるまで働かざる得なかったのは、一人ひとりの教職員の命と健康を大切するような学校ではなかったということでしょ。教職員だって人間だよ。家族もあるし、自分の人生もある。ごくごくあたりまえの一人の人間よ。けっして、特殊な仕事をしているスーパーマンじゃないわ。学校は、人間である教職員にとっても命と健康が大事にされる場であるべきだということを訴え、大ちゃんのような教職員が二度と生まれないようにすることが必要じゃないかしら」

由紀の必死の説得の言葉が、大輔の胸に一言一言、響いた。

せっかく命だけは救われた自分にできることを考えた。教職員の自己責任に任せられている学校という職場の現状を社会に訴え、それを変える共感の輪を広げることが自分の役割かもしれないという気持ちがわいてきた。それに、大翔や葵の今後の教育費のことを考えると、公務災害認定を受けた方がいいに決まっている。

「公務災害申請をするのは、本人の意思なんだって。大ちゃんがするって決めなくてはその手続きもできないのよ。学校としては、これは明らかに長時間労働が原因なのだから、補償されるべきという考えでまとまったみたい。校長先生は、教育委員会にもその考えを伝えに行かれたらしいの」

大輔は少し驚いたような表情をした。

「えっ、校長先生が教育委員会にも行かれたのか」

四日後、校長先生と杉山先生がお見舞いに来てくれた。倒れてから二十日間が経過していた。

大輔は、校長先生の顔を見るなり、「申し訳ございません。みなさんにたいへんなご迷惑をおかけして……」

たどたどしい声で、お詫びをした。

「何をおっしゃるのですか。北村先生をこのような状態にさせたのは、校長の私の責任です。誠に申し訳ありませんでした。顔色もいいし、お元気そうでよかったです。学校のことは我々に任せていただき、気にしないで、まずは、ゆっくり静養とリハビリをがんばって下さい。学校では、みんなの力を合わせて、やっていきますから。さすがに、教育委員会も今回ばかりは、必死で代わりの先生を探してくれて、やっと欠員状態が解消しました」

「そうですか。ホッとしました」

校長と杉山先生は、今の学校の様子について話をしてくれた。大輔が倒れて以来、教職員同士が、お互いのことを気遣いながら仕事をする雰囲気が生まれてきたことを話してくれた。

ひとしきり学校の話が続いた後、杉山先生が口を開いた。「北村先生、公務災害申請の手続きをされませんか？　申請手続きには、膨大な資料が必要なことはわかっていますので、学校全体で北村先生の勤務の実態を明らかにしようと考えています」

「ありがとうございます。妻からも公務災害申請のことを聞いています。でも、今でも忙しい、学校のことを考えると、ますますみなさんに申し訳なくて……」

「何を言われるのですか。北村先生が倒れられたのは、今の学校の教育システムの欠陥のせいです。それを、明らかにするのは、まずは、先生が倒れた原因が過重な仕事にあったことを公に認めさせることからです。幸いにも命拾いはされた、先生は、学校という職場が教職員の命と健康を守られる場でなければならないことを社会に訴える役割を担ってほしいのです。お願いします。了承してください」

杉山先生が深々と頭を下げた。

「杉山先生、頭を上げてください。わかりました。公務災害申請の手続きをします。ぜひとも、力を貸してください。やってみます」

「ほっ、本当ですか。ありがとうございます」

# 第9章　給特法がある限り、裁判所も教員を守ってくれないのか

北村先生の了解がとれたことから、公務災害申請に向けた申請書類づくりにも一層拍車がかかった。作業は思いのほかたいへんだった。前任校からも勤務時間の記録を取り寄せた。自己申告による勤務時間の記録を整理すると、四月が七十九時間、五月は八十五時間、大輔が倒れた六月二十八日までは、九十五時間の時間外勤務があった。土日の部活動も、学校で定めたようにどちらか一日は部活動指導はしていないことになっていた。また、修学旅行中の勤務も午後十時までとなっていた。大輔の勤務実態と自己申告による勤務時間の記録とは大きく食いちがっていたことがわかったのだった。

杉山先生は、組合の松井さんに自己申告の結果を持参し相談した。

「松井先生、この記録は、北村先生の本当の勤務実態とはちがいます。たとえば、修学旅行中も、夜中〇時過ぎまで見回りなどの仕事をされていました。夜中に二、三度、見回りをしていたという証言もあります。修学旅行のしおりにも、早朝六時三十分には生徒の起床時間に

なっています。この程度の時間で、公務災害として認められますか」

「そうですね。なんとも言えませんね。北村先生が、虚偽の自己申告をされていたことを、証明し、本当に労働をしていた時間を明らかにすることが必要です」

杉山先生は、下を向いた。

「おっしゃる通りです。教育委員会に、教職員一人ひとりの勤務時間を毎月報告することになっているのはご存知の通りです。時間外勤務があっても、時間外勤務手当の支給がされるわけではないし、勤務時間の指針を超えていても法的な罰則がつくわけではありません。この制度がはじまった一年目は、みなさんけっこう、意識して正確に記録をされていましたが、それから二年経過して、勤務時間を記録をしても多忙化は何も変わらないことから、次第に、形骸化しているのが現状です」

「私が、組合の会議で聞いたところでは、国家公務員、教員以外の地方公務員では、実際の時間外勤務時間に似合う手当が支給されるようになっていると聞いていますし、財源が足らなくなりそうでしたら、業務分担の割り振りや業務の削減が進められるようになってきたということです。やはり、教員は給特法が残っている限り、残業代も支払われないことから、当初から懸念していたように法律で定められた勤務時間の指針もすぐに形骸化してしまったということでしょうね」

「これは、杉山先生の学校だけにいえることではなく、県内的にも同じ状況じゃないでしょうか。

裁判所は、給特法があるかぎり、教員についてはひどい判決を出しますからね」

「といいますと……」

「たとえば、修学旅行中の勤務についての判決があります」

「修学旅行引率はとても疲れますからね。まるで、旅行中は、すべて勤務時間のようなものです」

「ところが、裁判所はそのようには判断しないのです。修学旅行を引率する教員にも、修学旅行中に、引率業務に従事しない時間や、引率業務から完全に解放されたとはいえないまでも、休息をとったり、自らの知的関心を満たしたりする時間があり、教員が自主的、自発的、創造的判断で行った業務があると判決文に書いてあります」

「それは、ひどいですね。裁判官は、私たちの仕事のことをまるでわかっていませんね」

「それだけではありません。校長が、教員に、逐一勤務終了、開始時間を明示することは事実上困難である。給特法の趣旨を踏まえると、一般の行政職員の時間管理と同様に、正規の勤務時間を超える勤務時間を把握し、別の勤務日に同時間分の勤務時間の免除をする必要はない[1]、とまで裁判所は判断しています」

「えっ、それはひどすぎる。教員を人間扱いしていないじゃないですか」

「給特法がある限り、打ち破れない壁です」

「ほんとうにひどい法律ですね」

「最後の砦である裁判所まで、教員の労働を労働とみなさないのが現実です。給特法がある限り、司法も教員を守ってくれません。ですから、私は、給特法を廃止するか、見直さない限り、教員の長時間労働の抜本的な解消はできないと考えています。


いくつか提案があります。一つは、以前、お話をした弁護士に相談をすること、もう一つは、北村先生にも、可能な限りに協力をしてもらい、自己申告をしてない勤務時間があったかどうかを思い出してもらう」

「わかりました。ただ、時間外勤務について虚偽の報告があったことが公になりますね」

「いたし方ありません。以前、校長先生は、自分は処分を受けてもかまわないと言われているそうじゃないですか。組合の会議でも、勤務時間の指針を設けても、目立った効果はなく、むしろ、持ち帰り仕事が増えてきただけという報告もありますから」

1 大阪高裁平成25年7月18日判決。

数日後、松井さんを通じて弁護士からのアドバイスが届いた。公務災害認定でポイントになるのは、「時間外勤務時間」と「職務の過重性」の証明をするというものであった。職員会議に、北村先生の勤務時間の自己申告書が提出された。花咲校長は、「これが北村先生の勤務時間の記録です。この記録に残された出勤・退勤時間を見られて、この時間外以外に北村先生が仕事をされていた時間を、日にちごとに、思い出せるだけ、思い出して、私の方へ提出していただけませんか」と頭を下げた。

土日の部活動指導について、北村先生が顧問をするバスケット部は二日間とも活動をしていたという声もあった。特にバスケット部は、保護者が学校以外の練習場を借りて、自主練習を土日二日間ともすることもあったらしい。そのときも、北村先生も一緒に自主練習の指導を行っていたことも明らかになった。

また、「退校時間が厳しく言われるので、授業準備を自宅に持ち帰ってやらなくてはならない」と北村先生がこぼしていたことなどの証言があった。

職務の過重性については、教職員が欠員のため、北村先生だけでなく、他の教職員にも大きな負担がかかっていたという証言を集めた。なかには、精神科を受診をしたという事実もわかった。

教職員から出される意見を聞いていた花咲校長は、「持ち帰り仕事をした時間の記録簿を独自につくることにします。みなさんは、それに持ち帰り仕事を記録して下さい。今後は、教育委員会に対して出勤退勤記録だけでなく、持ち帰り仕事も併せて、勤務時間として、提出することにします。また、修学旅行中は、午後十時を過ぎても先生方は、子どもたちの見回りをされていたことなどについて、私が上申書を書きます」

「みなさん、北村先生が倒れたこと、その原因となった教職員の欠員の状態が放置され続けていたことのなかで、多くの教職員に過重な職務がかかっていたことについても、現状を保護者のみなさんに包み隠さず、伝えましょう。欠員は補充されましたが、なかなか進まない学校の業務の削減について、保護者と教職員、地域の皆さんが話し合う場を持つことを提案しませんか。今の状態では、第二、第三の北村先生がでてしまいます」と杉山先生が提案した。

「杉山先生、いいアイデアですけど、いきなり全部の保護者というわけにはいきませんので、PTAの役員や学校評議員会に報告して、話し合いをはじめてもらうというのはどうでしょうか」

「わかりました。とにかく、教職員が声を上げて、保護者や地域の方々と一緒に現状を乗り越えるために学校の働き方改革を進めることを訴えましょう」

教職員全員が、学校を変えたい、教職員が働きやすい職場環境をつくりたいという強い決意をした時間になった。

# 第10章　子どもと教職員のためにたたかう花咲校長

花咲校長は、翌日、職員会議の模様を教育委員会に報告に行った。

「校長先生、本気ですね」という教育長に対して、「私が、積極的、主体的に動かくなくては、教職員は信用してくれませんよ。忙しいなか、お二人の先生の公務災害認定の申請をやろうというみなさんの意気込みに背中を押されています。職員会議では、文科省・教育委員会は、学校現場にだけ、業務改善・削減を求めるのではなく、自らが増やし続けた業務についてもスクラップをする必要があるという意見が数多く出されました」

「最近は、学校にお願いする調査報告物を簡略化したり、いろいろ工夫しています。また、コピー機も一台増やしたり、教育委員会としても努力はしていますよ」

「それは、よくわかっています。ただ、まだまだ不十分です」

「先生方からは、どのような意見があったのですか」

「たとえば、市独自の学力テストの廃止です。一年間に全国、県、市の学力テストと三種類も実施するのは、たとえ、どんなにすばらしい教育的な目的があっても、教職員、そして子どもたちには重い負担がかかっています」

「廃止はできませんよ。市の学力テストをやるようになってから、県、全国の学力テストの点数も向上傾向にあり、議会からも高い評価を受けている」

「教育長、学力テストは、議会からの評価を受けるために実施するものですか。はっきり申し上げます。テストの点数が上がったのは、『規律とドリルの徹底』によって学力を向上させる方法をやり始めたからです。黙って座って勉強する習慣のない子を、とにかくまず黙らせ、座らせ、先生の言うことが聞けるよう指導する。そして、くり返しドリル学習を徹底する。教育委員会も、全国学力テストの前には、過去に提出された問題を子どもたちにさせることを推奨してきたじゃないですか。その結果、たしかに、短期的には、テストの結果は向上したように見えます。その『エビデンス』だけをもって、『規律とドリルの徹底』を『よい』教育といえるでしょうか。ここでいう学力は、『決められたことを決められた通りにできる』『勉強はやらされるもの』という意識を子どもたちがますます募らせてしまっているかもしれません[1]。それは、学習指導要領がめざしている学力ではありません」

1 苫野一徳『「学校」をつくり直す』(河出新書、2019)69〜70頁。

「校長先生、ここで学力論争をしてもしようがないじゃないですか」

「ちがいますよ。今の学校の構造上の問題は、『みんなで同じことを、同じペースで、おなじようなやり方で』にあります。そのようなことばかりを追求する教育のなかで育った子どもたちは、ＡＩ時代には生きていけないと思います。ＡＩ時代に向けて、多様な他者と対話をし、新たな発想、価値を見出していけるような子どもたちを育てていくのがこれからの教育のめざす方向ではありませんか」

「先程、子どもたちにも負担になっていると言われたけど……」

「そうですよ。学力テストが近づくと学校を休む子どももいます」

「それは、学力テストを気にしてかね」

「私たちはそう考えています。特に市の学力テストは、学校別の平均点も公表するようになりましたね。それ以降、学校を休む子どもたちが増えてきたような気がします」

「学力テストは、子どもたちの競争をあおるのが目的ではなくて、子どもたちがどこでつまずいているかを見つけ、教員自身の授業の改善に役立てるものでしょ。それが、なぜ、子どもたちへのプレッシャーになるのか、わかりませんね」

「ある先生からは、『学校別の平均点が公表されるようになって、保護者が自分の学校の平均点を気にし始め、子どもたちにいい点数をとって、みんなに迷惑をかけないようにと言われるようになった』と、子どもがつぶやいていたという話を聞いています。学力テストが子どもを追い詰めているのですよ。

『みんなで同じことを、同じペースで、おなじようなやり方で』進めてきた学校のシステムが問われているとお話ししましたが、そのシステムに乗れない子どもが排除されていいのでしょうか？　私は、変えなくてはならないのは子どもの方ではなく、システムの方だと思います。とにかく、いろんな子どもが学校に通ってきているんですよ」

「わかりました。ただ、学力テスト廃止を言い出すと、議会では問題になるだろうなあ」と教育長は言い訳をした。議員の顔色を気にする教育長と現場の思いを代表する校長とは平行線のままだった。

花咲校長は、職員会議で出された悩ましい問題も報告した。自己申告による出勤、退勤の時間記録をもとにした勤務時間記録以上に、北村先生は勤務をしていたことだった。しかも、それは、他の教職員にも同様の実態があった。それは、一か月の勤務時間の上限を守ること自体が目的になっていたからだ。

「以前から、うすうす気づいていました。でも、見て見ぬふりをしてきました。しかし、公務災害申請をするということになれば、自己申告による勤務時間記録は、虚偽だったことが明らかになります。学校に対する社会的な信用が揺らぎます」

「こ、校長先生。私は、以前から、そのような虚偽の記録をしてはならないとくり返し指導していたでしょ。それを守らなかったあなたの責任ですよ」

「わかっています。しかし、勤務時間のガイドラインで定めてある時間内で終えることができないほどの仕事量があるのが現実です」

「その点についても、各学校で創意工夫をするよう教育委員会から何度もお伝えをしてきました」

「ちょっと待ってください。では、教育委員会は具体的にどのような支援をしていただけましたか？　北村先生が倒れる原因につながったのは、教職員の二名の欠員状態です。この状態が二か月以上も続いたのですよ。また、スポーツ庁などが示した部活動のガイドライン[2]を保護者や地域住民の方に理解を得るために教育委員会として広報活動をしてほしいと何度もお願いをしてきましたが、それもすべて学校任せだったじゃないですか。学校からは、保護者のみなさんにご理解をいただくためのお願いの文書を出しました。しかし、保護者からは、他の学校では、以前と変わらず、土日両日とも部活動をやっているじゃないか、そんなことをしていたら試合に負けてしまうというクレームが入ってきました。特に、北村先生が担当されたバスケット部は強豪チームだったため、ガイドラインに沿った部活動指導に変えたことに対する保護者からの反発はとても大きかったです。これらの点については、逐一、教育長に報告し、支援を求めてきたことです」

教育長にとっては、耳が痛い話ばかりだった。たしかに、花咲校長からの支援要請に対して、十分にこたえてきたとは言えない。

「公務災害申請では、このような現状と問題点を包み隠さず明記し、北村先生の仕事の過重性を明らかにしようと考えています」

「そんなことをしたら、あなただけではなく、私の責任も問われることになるじゃないですか」

「教育長、公務災害補償制度は、管理監督者の責任を追及することが目的ではありません。

2 スポーツ庁は、2018年3月「運動部活動の在り方に関する総合的なガイドライン」を示した。⦿学期中は、週当たり2日以上の休養日を設ける。（平日は少なくとも1日、土曜日及び日曜日〈以下「週末」という〉は少なくとも1日以上を休養日とする。週末に大会参加等で活動した場合は、休養日を他の日に振り替える。）⦿長期休業中の休養日の設定は、学期中に準じた扱いを行う。また、生徒が十分な休養を取ることができるとともに、運動部活動以外にも多様な活動を行うことができるよう、ある程度長期の休養期間（オフシーズン）を設ける。⦿1日の活動時間は、長くとも平日では2時間程度、学校の休業日（学期中の週末を含む）は3時間程度とし、できるだけ短時間に、合理的でかつ効率的・効果的活動を行うこと。

職員が安心して仕事に専念できるよう、今回のような万が一の場合、本人やその家族の生活の安定を図ることを目的としたものです。前回もお伝えしたように私も、公務災害補償制度の目的を理解しておらず、本校の職員から教えられました。また、管理監督者である、教育長や校長には、公務災害申請が円滑にすすむよう、つまり事実の認定にあたって、支援する責務があることが法的に定めてあります[3]。私は、それに沿って誠実な対応をすると決めました」

教育長は、目をつむり、考え込んでしまった。しばらくのあいだ、沈黙が続いた。

「致し方ないことです。事実を事実として報告するのが、北村先生とそのご家族に対する誠意でもありますから」

教育長は、黙ってうなずいた。

「もう一つ、困った問題もあります」

「えっ？　まだあるのですか」

「はい、それは北村先生が自宅に仕事を持ち帰ってされていたことです」

「かなりの時間、あるのですか」

「それは、これから調べてみなければわかりませんが……、相当あると予想しています。本校の教職員は、勤務時間のガイドラインで定めてある勤務時間の上限内で終えることができないほどの仕事を抱えています。教育委員会からは勤務時間のガイドラインを守るよう言われる、また、そのため、管理職の私たちも、教職員に早く帰るように言います。その結果、自宅に持ち帰って仕事をする教職員が増えてきたと思います。

そこで、教育長にお願いがあります。教育長、本校のように持ち帰り仕事も含めて、総勤務時間とするよう教育委員会としてご検討いただけませんか」

「いや、それは、国や県から指示されていないので、できませんよ」

「教育長は、文科省が、四年前の一月二十五日に出した通知をしっかり読んでおられますか？」

「えっ？　一応読んでいますよ。だから、各学校で働き方改革をすすめるよう創意工夫を指導してきたじゃありませんか」

「文科省が、四年前に出した通知のコピーを持ってきましたので、読んでみてください」と言いながら、教育長に手渡した。その通知のコピーにアンダーラインが引いてあった。

「『各地方公共団体で定める方法によるテレワーク等によるものについても（勤務時間として）

3　地方公務員災害補償法施行規則49条（任命権者の協力等）。補償を受けるべき者が、事故その他の理由により、みずから補償の請求その他の手続を行うことが困難である場合には、任命権者は、その手続を行うことができるように助力しなければならない。

合算する』と書いてあるでしょう」

教育長は、うなずかざるえなかった。

「自宅などでの持ち帰り仕事について、テレワークの仕組みを導入は困難としても、事後に校長に報告すれば、勤務として認めるなどという教育委員会独自の規則をつくることも可能なわけです。私も、今回の件を通じて、自分の勉強不足に気がつきました」

「それで、私にどうしろというのですか」

「これからでもいいですから、私が提案したことを教育委員会の規則として定め、今年度四月にさかのぼって適用するという特例を設けて下さい。そうすると、北村先生が行った持ち帰り仕事も勤務として認められますから」

「うーん」と教育長は黙ってしまった。しかし、花咲校長の、教職員の命と健康を守るという毅然とした決意はヒシヒシと伝わってきた。

「花咲校長先生の決意に私も、心を動かされました。教育委員会としてできる限りの協力をします。持ち帰り仕事を勤務と認めるかどうかは、教育委員会としても検討をしてみます。ただ、学力テストについては、議会の理解も必要なので、ただちに廃止ができるかどうかの自信はありません……」

## コラム・学校が「労働時間の無法地帯」といわれるようになった歴史的な背景を探る

学校は、「労働時間の無法地帯」といわれるようになったのは、一か月当たりの時間外労働が八十時間を超え、健康や生命を害する危険のある「過労死ライン」を超えて働く教員が目立つようになったからだ。長時間労働が問題になっている医師と比較しても、過労死ラインを超えて働く教員がはるかに多いことが明らかになった。[4] 過労死ラインを超えて働く教員は、小学校では七二・九%、中学校では八六・九%、高校では六一・四%であった。長時間労働が問題となっている医師については、過労死ラインを超えて働く割合が四〇・〇%であり、教員は医師と比較してもはるかに高い割合にある。この調査結果は、新聞でも大きくとり上げられた。

「管理職による勤務時間管理の実態」では、「タイムカード・PC等の機器で行っている」のは小学校一〇・〇%、中学校一一・〇%、高校一三・一%に過ぎず、「把握なし」「把握しているかどうか不明」「その他」を加えると六割程度となっている。[5] 一般労働者では、「タイムカード・ICカード等」六二・二%、次いで、「自己申告」一九・九%、「上司が確認・記録」一〇・六%となっており、[6] 学校の勤務時間管理の把握は世の中の常識と大きくかけ離れている。さらに深刻なのは、各都道府県の勤務時間条例で定めている、一週間の所定勤務時間数を「知っている」と回答したのは、小学校四三・一%、中学校四四・三%、高校五三・一%に過ぎなかった。一日の休憩時間数を「知っている」と回答したのは、小学校五五・〇%、中学校五一・二%、高校六〇・五%に過ぎなかった。これは、労基法十五条で定めてある、使用者が従業員に労働条件を明示する義務の履行を十分なされていないという問題点もあるが、それ以上に、深刻なのは、教員自身の労働時間意識が極めて希薄であるということである。労働者自身が、自分が何時から何時まで働かなければならないのか、また、自分の休憩時間が何時から何時までかを知らないという点も世の中の常識とはあまりにかけ離れている。

なぜ、このような実態になってしまったのであろうか？　あまりに学校が忙しすぎるという点もあろう。子どもたちが学校にいる以上、自分の労働時間を気にしてもいたし方ないという事情もあろう。

敗戦直後から、文部省は、教員には、労働者としての権利意識を持たせないような教育施策を講じようとしてきたことを示す歴史的資料がある。それは、一九四六年九月末ごろ、文部省が策定した「教員身分法要綱案」に明らかだ（巻末資料参照）。

○労働基準法の適用対象から除外する。
○労働基本権の適用対象から除外をする。
○官立学校教員（現在の国立大学付属学校、当時は国家公務員）、私立学校教員（民間人）も同様とする。

労働組合とは別に、教員連盟という自主的な組織をつくって、労働条件などについて、使用者と交渉をして決めるとしている。

教員を、なぜ、他の労働者とはまったく異なる取扱いにしようとしたのだろうか。この要綱案の目的では、教員の特殊な身分に鑑み、官公私立学校を通じて、教員の種類、任用、資格、服務、待遇などを一般の公務員などに対する特例を設けるとしている。

この時期の教員政策は、教員の労働運動を規制し、争議権を禁止し、穏健な組合として統制すること、労働者階級から分離し、労働基本権を制限するという側面から策定された[7]という一面もある。

給特法は、教員身分法でいう教員は特殊な身分であるという戦前の教師聖職者論を背景に、立法されたとも考えられる。

4 連合総研（2016年12月）「とりもどせ、教職員の『生活時間』――日本における教職員の働き方・労働時間の実態に関する研究会報告書」。
5 前掲書。
6 東京都産業労働局（2017）「労働時間管理に関する実態調査」。
7 羽田貴史「歴史教育公務員特例法の制定過程そのI」（『福島大学教育学部論集』第32号の3）（1980）。

# 第11章　「公務災害を勝ち取る会」の結成へ

翌日、花咲校長は、教育長とのやりとりの概要を説明した。教職員からは、「校長先生、我々が言いたかったことの多くを伝えていただき、ありがとうございました」という感謝の声があがった。

「学力テストのことについては、残念ですね。議会の理解を得るには、どうすればいいでしょうかね」

杉山先生が、「学校の働き方改革をテーマにした集会を開いて市民の方に、実情を訴えましょうよ」という提案をした。

「大事な企画だと思いますが、それをこの学校の教職員だけで開催するのはとても無理ですよ」という意見が出された。それを聞いた、杉山先生は、「私に任せておいてください。いいアイデアがありますので、数日時間を下さい」と発言をした。

職員会議があった翌日の夕方、杉山先生は組合の松井さんと会った。これまでの経過を説明した。松井さんは、「校長先生、職場全体もやる気になっているのはいいことですね。北村先生の公務災害申請のとりくみと職場の働き方改革を同時に進めることです。また、これは、杉山先生の学校の問題だけではありません、市内のすべての学校で働く教職員全体の課題だと思いますし、保護者や市民の方に教育現場の実情を訴え、地域全体で学校の働き方改革を進める機会にしませんか」

「実は、私もそう考えているんですよ」

「学校の働き方改革を市民全体で考えるシンポジウムを開催しましょうか。そこで、リハビリ中の北村先生からも、学校の働き方改革を一歩でも前に進めるには、市民のみなさんの力が必要なことを直接、訴えてもらえるといいですね」

「そのためには、北村先生やご家族の了解も必要です」

「もちろんです。組合だけではなく、教育委員会、花咲校長、保護者や市民の方々の協力も得ながら、進めましょう」

北村先生は、倒れてから一か月後には、リハビリ目的の病院に転院をしていた。リハビリも順調に進み、倒れた直後はたどたどしく話をしていたが、それもずいぶんと改善されたようだった。

杉山先生と松井さんは、北村先生の妻の由紀さんに相談にしてみた。由紀さんは、「いやです。まるで夫を見世物にするみたいじゃないですか」と反対した。

松井さんは、「いえいえ、すぐにとは考えていません。シンポジウムの開催までには準備期間が半年以上かかると思います。できたら、公務災害認定の申請書類を地方公務員災害補償基金に提出した後くらいの時期を考えています。ですから、北村先生ともじっくり相談してみて下さい。結果的に、当日、北村先生が出席されなくとも、現在、長時間労働で倒れた教職員がいること、学校が長時間労働の現状に置かれていることについて訴えることはご了解くださ
い」と頭を下げた。

由紀は、松井さんたちから提案があったことを、早速、義姉の智子さんに相談をしてみた。

智子さんは、「いい機会じゃないの。当事者の訴えが最も説得力を持つし、大輔にとっても、リハビリを続ける目標にもなると思うわ。別に大輔が悪いことをしたわけじゃないでしょ。教職員が自分の命の危険性を冒してまで働かなければならない、学校の現状を放置してきた教育行政の責任でもあり、社会全体の課題として考えてもらうことも重要だと思うよ。そして、大輔が訴えることで、命と健康を大事にされる学校に変えていく機運が高まるんじゃないかしら」と話してくれた。

由紀は、大輔が倒れる前日の夜、大翔が言った言葉を思い出した。

「世の中の人は、親父がどんな環境で働いているか、真実を知らない。おれは、ただ働きが

当たりまえの学校じゃ、あまりに親父がばかにされている。それが悔しんだよ」

「私だって悔しいよ」と由紀はつぶやいた。

由紀は、大輔に相談してみた。やはり、大輔は、「俺は、いやだよ。今は思うように歩けないし、言葉だってそんなにうまくは話せない」と答えた。

「私も、校長先生たちから、その話を聞いたとき、いやだって言ったの。だって、大ちゃんがまるで見世物になるような感じがしたからよ。でも、智子さんに相談したり、大ちゃんが倒れる前の大翔の必死の姿を思い出したら、少しずつ考えが変わってきたの」

大輔の脳裏にも、大翔が今の教員の働き方はおかしいと必死に話をしていた光景が思い浮かんだ。あのときは、とても腹立たしい思いがした。でも、工藤さんからの手紙を読んで、長時間労働で命を落とす教職員がいることを知った。そして、今、命だけは助かり、復帰に向けてリハビリを続けている自分にできることは何かあるのだろうかと考えていたころだった。

「そのシンポジウムで、大ちゃんの思いをみんなに伝えることができるようになるまで復活することを目的にリハビリをしたらいいじゃないの」

「そりゃそうだけど」

「校長先生も、先生方も、大ちゃんが倒れたのはあまりの長時間労働が原因だということを証明しようと一生懸命だと聞いたわ。大ちゃんができるのは、二度と同じようなことが起こらないような学校をつくるよう多くの人に訴えることじゃないか、と思うようになったのよ」

「親父は、きっと反対するぞ。このあいだ、見舞いに来たとき、教師は崇高な職業なのだから、公務災害申請には賛成できないって話をしていたよ。教師だって人間だし、安心して仕事に打ち込むことができるような制度が公務災害制度だって説明したけど、納得はしてもらえなかったな。でも、いつかはわかってくれるだろうと信じている。たしかに、リハビリをがんばる目標にはなるし、まあ、考えてみるよ」

数日後、松井さんと杉山先生がやってきた。

「ご家族から聞かれたと思いますが、北村先生の公務災害申請前後に、学校の働き方改革をテーマにしたシンポジウムを開催しようと考えています。主催は、『北村大輔さんの公務災害認定を勝ち取る会』です」

「えっ、そんな会は、いつできたのですか?」

「先日から、いろいろと考えていました。この会とシンポウムの目的は、北村先生が倒れたことを公務災害と認めさせること、そして、二度とこのような事態を起こさないような学校づくりをめざすために、市民や働く仲間のみなさんに訴えることです。四年前に文科省から、学校の働き方改革をすすめるための通知が出されました。最初は、業務削減や勤務時間の管理をしようという動きが盛り上がりましたが、いつの間にか下火になってしまいました。そこに起こったのが北村先生の事案です。組合としても、長時間労働解消のとりくみはやってきましたが、どうも一部の組合員だけの取り組みに終わっていたという反省があります。そこで、学校の働き方改革は、社会全体の問題ということを外に向かって発信し、組合員だけでなく、教職員、教育委員会、校長会、市民・保護者とつながって問題の解決に取り組もうということにしました」

「みなさんが忙しいなか、私の公務災害認定に向けていろいろと申請書類をつくったりしてもらっていることに本当に感謝しています。何かご恩返しをしなくてはと思っています」

「北村先生、ご恩返しなどと考えないで下さい。先生が倒れたのは、先生自身の責任ではありません。私たちは、これを契機に教職員が働きやすい職場環境をつくるために地域全体を巻き込んだ動きをつくりたいのです。そのためには、当事者である北村先生からの訴えも必要だと思います。ぜひともお願いします」

「集会の目的や松井さんのお気持ちはわかりますが、こんな身体になって多くの人の前に出る勇気がなくて……」

「北村先生、復帰に向けて懸命に生きている姿は、子どもたちにとってすばらしい学びの機会になりますよ」と杉山先生が熱く語った。

「そうですね。でも、まだ、決心がつきません。もうちょっと、考えさせてください」

# 第12章　持ち帰り仕事を「公務」と認めさせる秘策

公務災害申請の準備は、着々と進んでいた。北村先生が残した勤務時間記録以外にも、生活指導や部活動指導をしていたことも同僚の証言などを通じてわかってきた。また、家族の証言からも自宅で多くの持ち帰り仕事をしていたこともわかった。

杉山先生と松井さんは、北村先生の勤務実態をまとめた書類を柴山弁護士に見てもらうことにした。

「柴山先生、北村先生が倒れる二か月前、一か月前の勤務実態がわかりました。六か月前からの記録も必要だということですが、北村先生の前任校の教職員にも協力をお願いして調査中です」

「お疲れ様でした。公務災害申請が認められるかどうかは、時間外勤務時間の長さが影響しますので、とても重要な記録です」

松井さんが書類を柴山弁護士に渡して、説明をはじめた。

「これまでにわかったのは、倒れる前一か月の時間外勤務は、校内八十五時間三十五分、一か月の時間外勤務は、校内九十五時間五分でした。自宅での持ち帰り仕事をされていたということはわかっていますが、詳細な調査は進んでいません。校内での時間外勤務も、これだけの時間に達していれば、公務災害認定は可能だと思いますが」

「お疲れさまでした。校長先生は、この時間は公務と認めておられるのですか」

「はい。認めておられます」

「土日の部活動指導もですか」

「はい、そうです」

柴山弁護士の表情は、厳しいままだった。

「どうされましたか」

「うーん、たしかにこの記録を見ると認定される条件は揃っているように見えますが、認定するかどうかを決める地方公務員災害補償基金は、勤務時間について、とても厳しく判断をするんですよ。勤務時間の指針に基づく自己申告記録簿以外にも勤務をしていた時間があったということを基金がどのように判断するかですね」

「たしかに、公的な帳簿である自己申告記録簿以外に、なぜ時間外勤務をしていたのかという点は、いろいろ問題になるでしょうね」

「自宅での持ち帰り仕事は、どうでしたか？」

「それが、自宅で使用されていたパソコンのログ記録などもまだ調べることができていないのです」

「私の経験では、持ち帰り仕事が、時間外勤務として認められた事例は、あまりないのが現実です。持ち帰り仕事をせざるをえない必要な状態だったと認めさせるには、どのような仕事をしていたか、特に、仕事の成果物、たとえば、書類とかがあれば証拠としての重みが増します。また、校長先生が、明らかに必要な仕事だったと認める必要もあります」

「成果物ですか。杉山先生、北村さんは、自宅でどのような仕事をされていたのか聞かれたことがありますか」

「そうですよね。そういえば、脇に十数冊のノートを抱えて帰宅されているのを見たことがあります。私が、先生、そのノートは何ですか、と聞くと、『部員の活動日誌。子どもたちに、日々の練習で気づいたこと、悩んでいることなどを書いてもらって、顧問がコメントをしている。学校でコメントを書く時間などないだろ、だから自宅に持ち帰っているんだ。今は、一緒に顧問をしていた井口先生が休むようになってから、けっこう負担になっている』という話を聞いたことがあります」

「バスケット部員に活動日誌を借りて、成果物として提出したらどうでしょうか」と松井さんが提案した。

「それができればいいけど、個人情報だろ。本人や保護者の理解を得る必要があるなあ。井口先生が復帰されていますので、コメントを書くのに何分くらいかかるか聞いてみたらどうですか」

「なるほど、いいアイデアですね。バスケット部の保護者、子どもたちの理解を得て、成果物を証拠として提出するようにしますよ」と杉山先生がはりきってこたえた。

「他には、自宅でどのような仕事をされていたんでしょうか」

「北村先生は、理科の先生で、ほとんど毎時間のように実験をされていました。できるだけ、子どもが実験に参加できるように、二人一組でやる実験装置などを工夫して作っておられました。それは、学校でやらざるを得ませんが、授業で使うワークシートなどは自宅で作っておられたようですよ。学習指導要領が三年前に見直されたこともあって、子どもたちが探求するような授業スタイルに変えているんだとはりきっておられました」

「へえ、熱心な先生だったのですね。北村先生が作っておられたワークシートを作るとしたら、どれくらいの時間がかかるか、どなたかわかる人はいませんか」

「うーん、誰かいるかなあ」

「北村先生は、市内の他の中学校の理科の先生たちと、研究サークルを作って活動をされたりしていませんでしたか」

「たしか、研究サークルの活動をされていました」

「でしたら、そのサークルの先生たちに聞けば、作成時間がわかるんじゃないですか」

「どういうことですか」

「研究サークルの先生数人に、北村先生が作成されていたワークシートと同様なものを実際につくってもらい、かかった時間をはかってもらうのです。これは、持ち帰り仕事を『公務』と認めさせる秘策です」

「あっ、なるほど！　組合のほうでその作業を引き受けてもらえませんか」

「承知しました。文科省は、四年前の一月二十五日に出した通知[1]では、持ち帰り仕事について『各地方公共団体で定める方法によるテレワーク等によるものについても（勤務時間として）合算する』と書いてあります。組合として、教育委員会に対して、持ち帰り仕事について、勤務時間として合算するよう工夫をすることを要求しますよ」

これまで調べてきたことの裏づけを固めるための打合せは順調に進んだ。

柴山弁護士が尋ねた。

1 文科省（2019年3月18日）「学校における働き方改革に関する取組の徹底について（通知）」

「公務災害認定には、公務の過重性も重要なポイントになります。たとえば、北村先生は倒れる前に、修学旅行の引率をされましたよね。その引率中に、突発的な出来事はありませんでしたか」

「ありましたよ。一人の生徒が、旅行初日夕方に、急性虫垂炎を起こして、緊急入院をしました。その対応の責任者は、北村先生でした。そのため、北村先生は、初日は、一睡もされていないと思いますよ」

「そのときの様子は、詳細に書類に書く必要がありますね」

「芝山先生、公務災害申請をした前後に、学校の働き方改革を市民とともに考えるシンポジウムを開催したらどうかと考えているんです。北村先生にも出演をしてもらって、公務災害認定を認めてほしいという訴えをしてもらうんです。また、教職員の長時間労働の実態やそれが子どもたちに与える影響についての講演と教育長、校長、そして保護者や市民の方にもパネリストになっていただき、市民が力を合わせて学校の働き方を変えるためにそれぞれ何ができるかを話し合ってもらうという内容ではいかがでしょうか」

「ほー、それはいい企画ですね。認定を求める署名運動を始めてもいいかもしれませんね。市長が友人なので、シンポジウムを支援してもらうようお願いしてみますよ」

# 第13章　シンポジウムで訴えることを決意した

翌日、杉山先生は、花咲校長先生に柴山弁護士との相談内容を詳しく説明した。

「やはり、持ち帰り仕事を勤務時間記録に入れなければ、公務災害認定はむずかしいと思います。勤務時間の指針をつくり、守るよう徹底されたのはいいのですが、今回のような場合、それが弊害になっていると思います」

「私も先生から教えてもらった文科省通知を教育長に見せて、自宅で行った仕事の成果物と時間を校長に報告すれば、勤務時間記録に入れるというような教育委員会独自の規則をつくるよう求めたところです。北村先生の公務災害認定が認められるためにも、これはなんとか実現しなくてはなりませんね」

「そうです、校長先生。それと、バスケット部の保護者、子どもたちにも北村先生の現状を話して、協力を得る必要があります。早速、主顧問の井口先生にも協力をしてもらいましょう」

数日後、花咲校長は、バスケット部の部員たちに北村先生の今の状態について、説明をした。子どもたちは、自分たちも北村先生の公務災害認定が実現するよう協力したい、といってくれた。

そして、自分たちが提出したノートに書いてあった北村先生のコメントによって、ずいぶんと勇気づけられたり、学ぶ点があったことを部員全員が証言を書いてくれた。

保護者にも集まってもらい、この間の経過と北村先生の公務災害認定を勝ち取りたいので協力をお願いした。数人の保護者からは、「北村先生に土日の部活動を休むのはおかしい」とクレームの電話を何度もしたという告白もあった。夜遅く非常識な時間にクレームの電話をしたという告白もあった。その保護者は、私が、北村先生を追い込んだのかもしれません、申し訳なかったですと、その場で泣き崩れた。保護者からも、子どもたちの部活動日誌を認定に必要な証拠書類として提出することへの了解や認定に向けた支援活動をする了解を得られた。

バスケット部の部員、その保護者の了解を得た後、校長先生と杉山先生は、北村先生にその報告に行った。報告を聞いた北村先生も、涙ぐんでいた。自分にクレームの電話をかけてきた保護者が謝罪をしてくれたことを聞いたときには、何か胸につかえていたわだかまりも消えていった。

「北村先生、二度と、自分のような教職員が生まれないような学校をつくるための訴えをして下さい。子どもたち、保護者のみなさんも応援していますから」
「わかりました。やらせてください」と北村先生は頭を下げた。

北村先生がシンポジウムに出演するということが最終的に決まり、申請に向けた準備にも一層拍車がかかった。自宅での持ち帰り仕事は、北村先生の私的パソコンの使用記録やUSB、家族・本人からの証言から、倒れる前の二か月前が二十四時間二十三分、一か月前が二十五時間四十六分ということがわかった。校内での勤務時間と合わせると、倒れる前の二か月間の時間外勤務時間は合計百九時間五十八分、一か月間は百二十時間五十一分に達していた。

自宅での主な仕事だった子どもたちの日記にコメントを書く時間についてはほぼ、調査したとおりの時間がかかることがわかった。また、他校の複数の理科教員の協力により、北村先生が自宅に持ち帰って作成したワークシートと同様のものを作成するにも、かなりの時間がかかることがわかった。校長も、これらの業務が子どもたちの部活動指導や授業に必要な業務であり、勤務だという証言を書いた。

十二月、大輔は病院を退院し、やっと自宅に帰ることができた。半年ぶりのことだった。
「あー、やっと帰れた」と大輔は、ホッとしたような表情を浮かべた。

「お帰りなさい」

家族四人が揃って、食事をするのも本当に久しぶりだった。リハビリの成果もあって、右手でお箸を使って食べられるようになっていた。ただ、右足には不自由が残っていることから、退院後もリハビリには通うことになっていた。

「家族そろってお正月が迎えられるなんて、本当にうれしいわ」

「親父もリハビリ、よくがんばっていたなあ。いつもニコニコしながらリハビリをしている親父を見てると、こっちが励まされるよ」

「リハビリががんばれたのも、みんながいつも顔をのぞかせてくれたからだよ。それに、校長先生をはじめ、職場の人たちからの応援、子どもたちからのメッセージにも、ずいぶんと励まされたよ」

「よかったわね。でも、焦ることなく、リハビリを続けてね」

「親父が、来年二月に学校の働き方改革を訴えるシンポジウムに出る決意をしたのは、ほんとにびっくりしたよ。倒れる前には考えられなかったことだよ」

「たしかにそうだな。今回は、自分の仕事ぶりを見直すいい機会になったよ。それに、『子どものために』という理由で、際限なく仕事をするのが当り前だと考えていたけど、自分が倒れ、家族に大変な心配をかけたり……、いろいろ考えることがあったよ」

# 第14章　学力テストを廃止する方向で検討へ

二月十七日、市民シンポジウム「市民とともに進めよう学校の働き方改革」が開催された。主催は「北村大輔さんの公務災害認定を実現する会」、後援は、教育委員会、ＰＴＡ、バスケット部保護者の会、地元の労働組合などとなっていた。

シンポジウムは、第Ⅰ部は講演、第Ⅱ部がパネルディスカッションという構成だった。大翔は、友だちに声をかけて参加をした。通信制高校ということもあり、すでに、社会人として働いている友人や高校生平和大使の活動を一緒にしている仲間、数人を誘った。

「大翔、この大木智子さんっていうのは、いつもよく話してるおばさんのこと」

「うん、そうだよ」

「へえ、すげえな、こんなシンポジウムで講演するなんてさ」

「そんなこというなよ。はずかしいじゃないかよ」

「でも、大翔は、智子おばさんのようになりたいって、いっているじゃないか。つまり、大学の先生だろ。通信制高校出身の大学の教員が誕生なんて、なんかワクワクするな」

第Ⅰ部の講演が始まった。

智子おばさんの話は、大翔にとって初めて聞く新鮮な内容だった。

「憲法は、黙っていては、自分を守ってくれない」という話から始まった。

「みなさんが、憲法は、どのような発想で書かれているのだと思いますか」と智子おばさんは語りかけた。

となりの人たちは、「主権在民」「戦争放棄」「基本的人権の尊重」などとつぶやいていた。

「私は、憲法の発想というのは、『自分は人とちがっていい』『自分はこれでいいんだ』と自己肯定ができるところが出発点だと考えています。走るのが遅かったり、算数はできないけど、自己肯定感や自信が持てると、自分とちがう他者の存在をはじめて認められるのです。ところが、自己肯定感がないと、他者を否定する方向へ走ってしまいます。いじめとかね。

自己肯定感がもてないのは、今まで成功体験や愛されて自分を認めてもらえた経験がなかったからだと思うんです。だからこそ学校教育を通じて自分が承認されている、愛されている、生きている価値、尊重されていることを伝える。これはもっともむずかしいけれど、おとな、教職員の一番大事な仕事の一つだと思います。憲法十三条のすべて国民は個人として尊重されるとは、そういうことです[1]」

その話を聞きながら、大翔は、佐川先生から職員室で怒鳴りつけられたあの日のことを思い出していた。

「人は自分が他者から受け入れられたと感じるとき、自分が承認されていると実感するのです。自分のことを受け入れる気持ちの余裕をもてないとき、人は他者を受けれることはできません。気持ちの余裕をもたらしてくれるもの、それが時間です。みなさんは、自分の時間の主権者なのです。多忙な状態は、心の余裕を失い、自分と他者を受けとめることができなくなってしまいます。会場にお集まりの保護者のみなさん、そんな教職員に安心して子どもたちを預けることができますか？

教職員の長時間労働は、日本国憲法十三条の観点からも、ただちに解決を図らなければならない問題なのです。なぜなら長時間労働による教職員の多忙は子どもたちの育ちや学びに深刻な影響を与えるからです。**スライド1**をご覧ください。教員の多忙は大きなストレスとなっています。

**スライド2**をご覧ください。教員のストレスがたまっている教員ほど、子どもにあたってしまう、いいかげんな授業をしてしまう、子どもとの対話がなくなってしまいます、子どもの扱いに

1 伊藤真・池田賢市『季刊フォーラム　教育と文化』80巻号、2015、26～28頁。

■スライド１

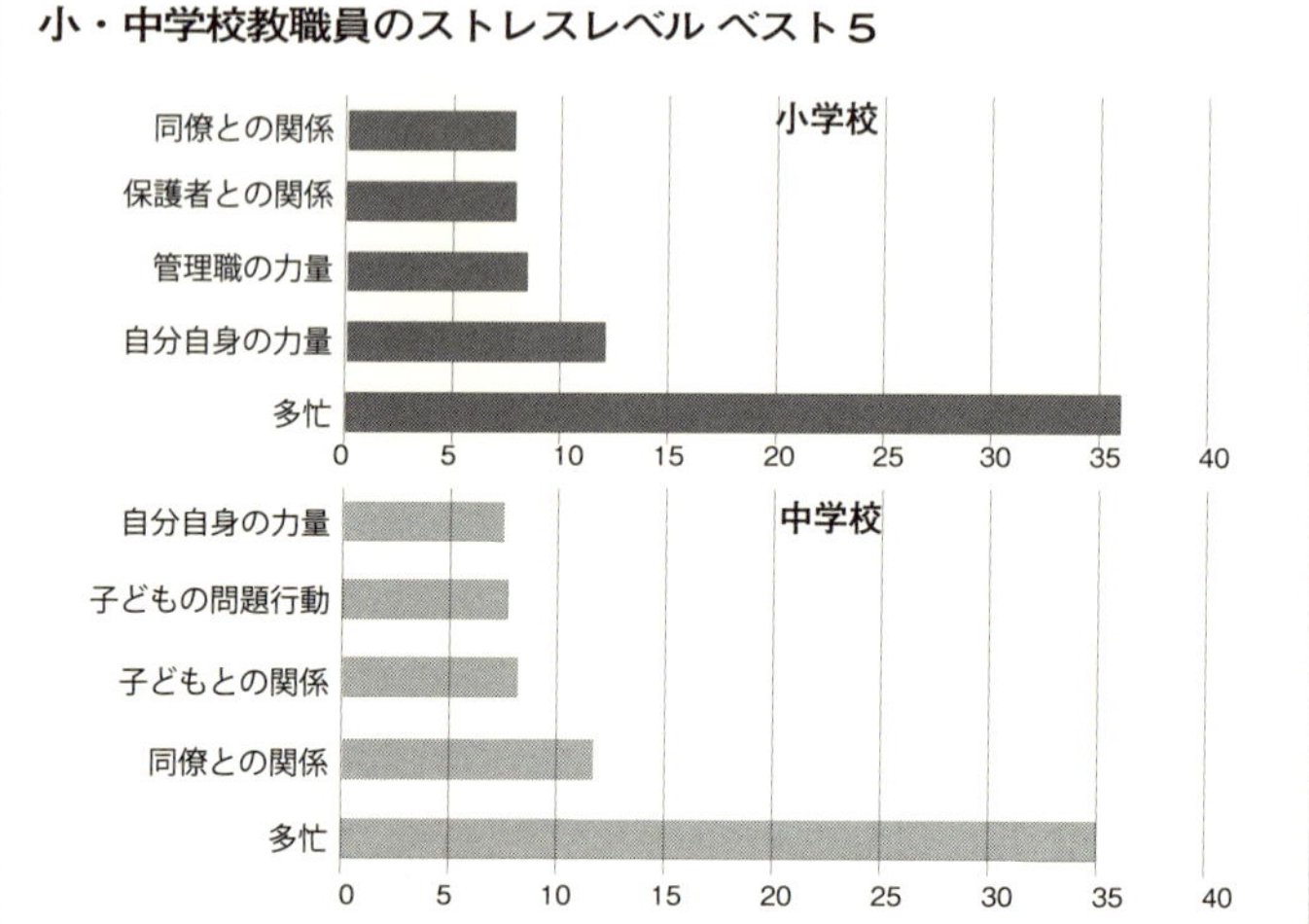


出典:秦政春「現代教師の日常性（I）」（大阪大学大学院人間科学研究科紀要、2002）をもとに筆者作成

■スライド２

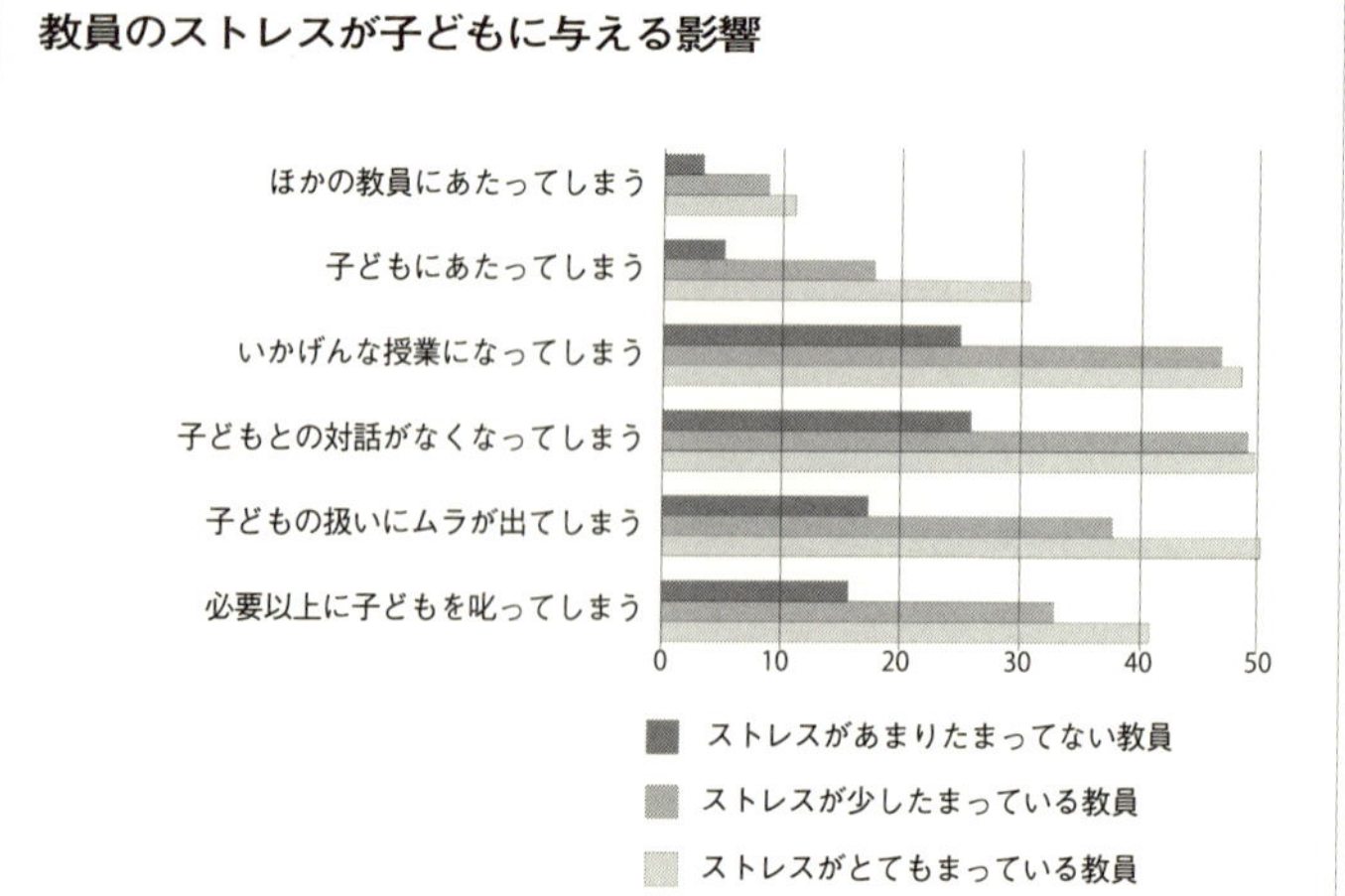


出典:秦政春「現代教師の日常性（I）」（大阪大学大学院人間科学研究科紀要、2002）をもとに筆者作成

ムラが出てしまう、必要以上に子どもを叱ってしまうということもわかっています。会場にいらっしゃる保護者のみなさん、教職員の長時間労働は、子どもたちの幸福にはつながりません。ですから、子どもたちのためにも解決をはかっていかなければならない問題なのです。

この**スライド3**をご覧ください。これは、二〇一三年にOECDが調査した教員の勤務実態に関する調査結果(TALIS 2013)です。日本の教員たちは、仕事への自己効力感が低いという結果になっています。また、**スライド4**では、仕事への満足感も低いという結果になっています。また、**スライド5**をご覧ください。二〇〇七年に行われた調査でも、諸外国に比較して仕事への自信喪失感が高いということも明らかとなりました。日本の教員たちは、けっして仕事をさぼっているわけではありません。

**スライド6**では、先に紹介したOECDの調査でも、調査参加国でも、最も勤務時間が長く、多様な業務が多いことがわかっています。長時間働いているけど、仕事への満足感が低く、そして仕事への自信喪失感が高いというのが日本の教員の働き方の特徴です。

**スライド7**では、教員の本来の仕事である授業について、十分な授業準備が非常によくできていると回答した教員は、参加国平均の約四分の一となっていることがわかります。決して意欲が低いわけではありません。**スライド8**をご覧ください。二〇一一年に公表され

■スライド３

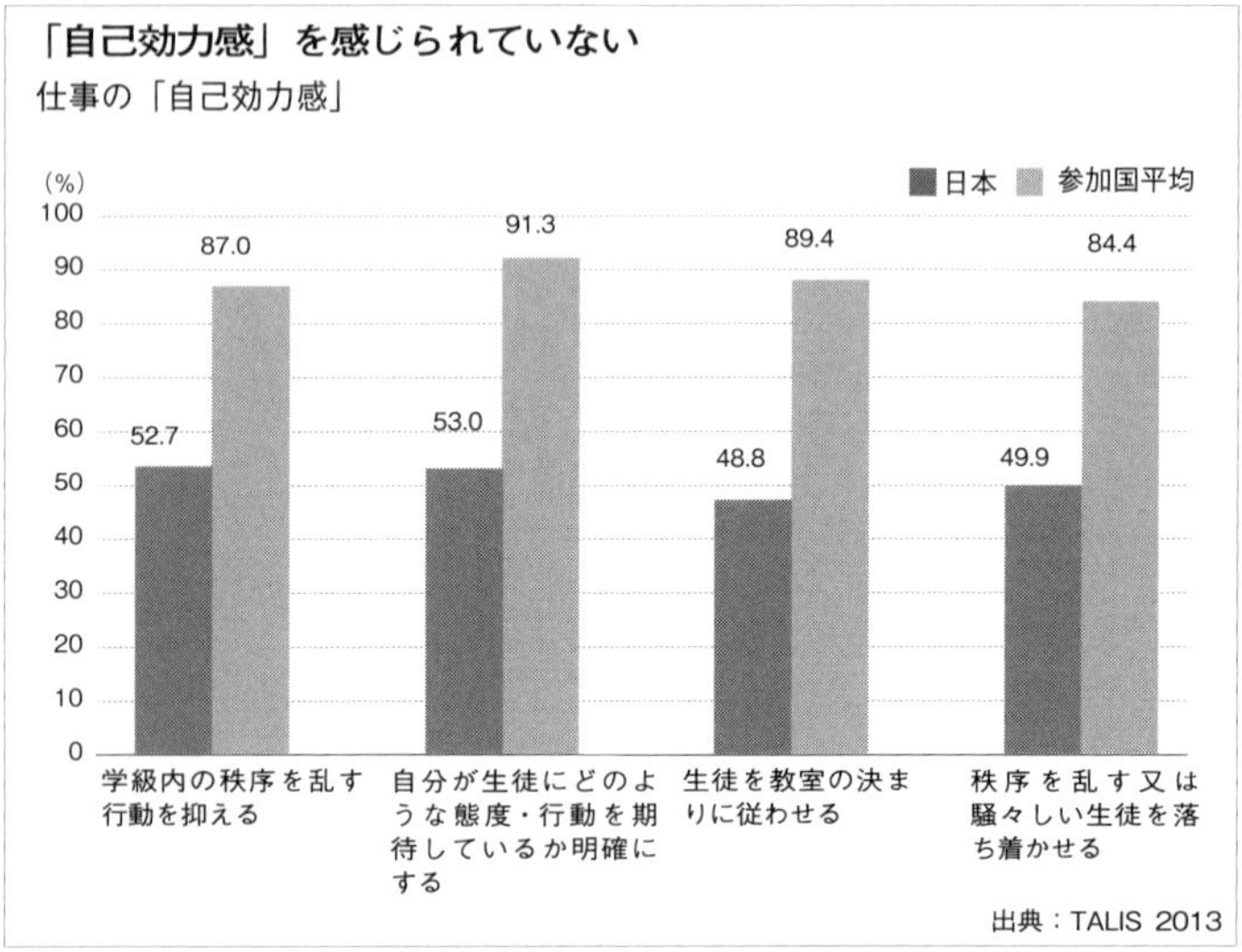

「自己効力感」を感じられていない
仕事の「自己効力感」
(%)
日本
参加国平均
100
90
80
70
60
50
40
30
20
10
0
52.7
87.0
53.0
91.3
48.8
89.4
49.9
84.4
学級内の秩序を乱す行動を抑える
自分が生徒にどのような態度・行動を期待しているか明確にする
生徒を教室の決まりに従わせる
秩序を乱す又は騒々しい生徒を落ち着かせる
出典：TALIS 2013


■スライド４

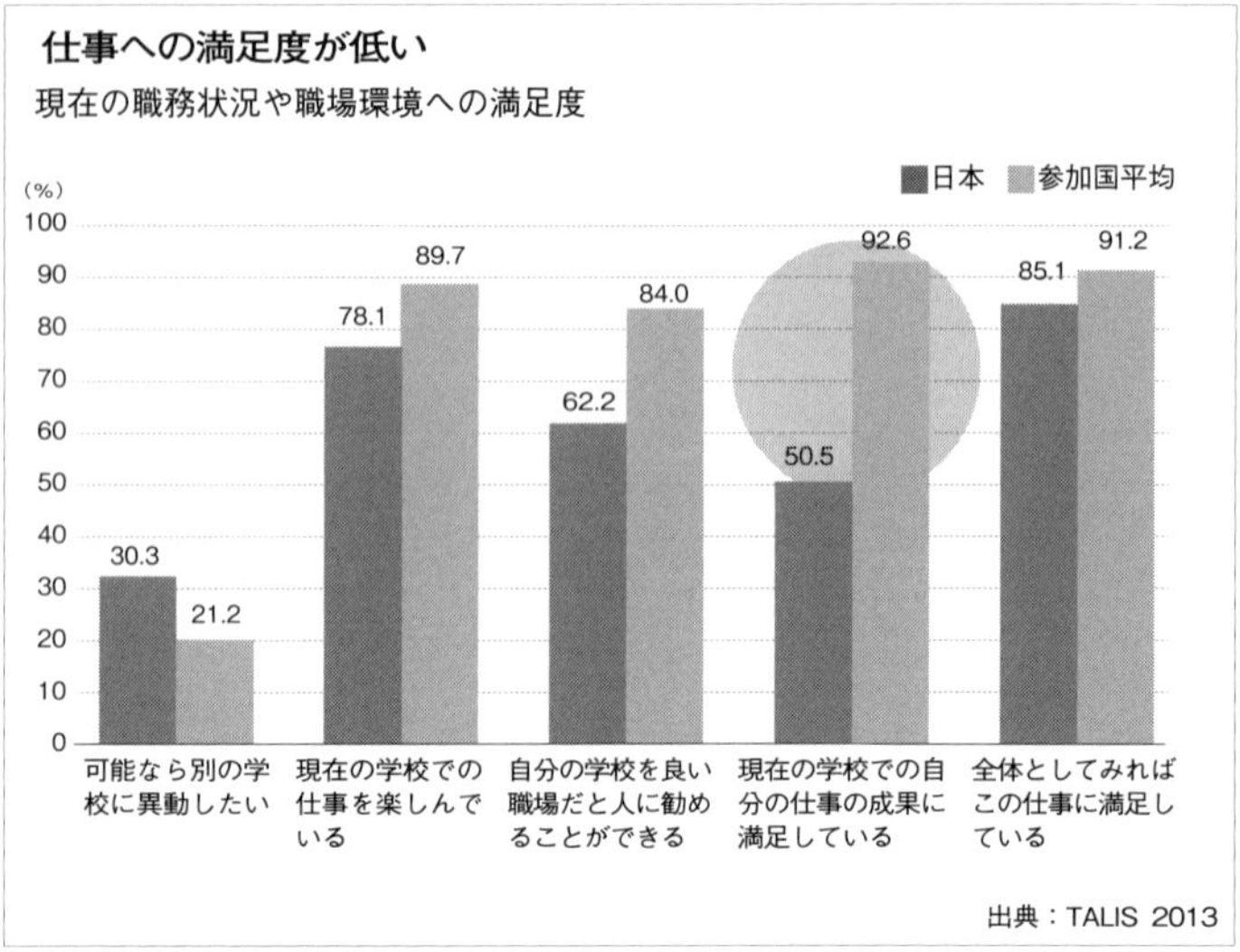

仕事への満足度が低い
現在の職務状況や職場環境への満足度
(%)
日本
参加国平均
100
90
80
70
60
50
40
30
20
10
0
30.3
21.2
78.1
89.7
62.2
84.0
50.5
92.6
85.1
91.2
可能なら別の学校に異動したい
現在の学校での仕事を楽しんでいる
自分の学校を良い職場だと人に勧めることができる
現在の学校での自分の仕事の成果に満足している
全体としてみればこの仕事に満足している
出典：TALIS 2013

■スライド5

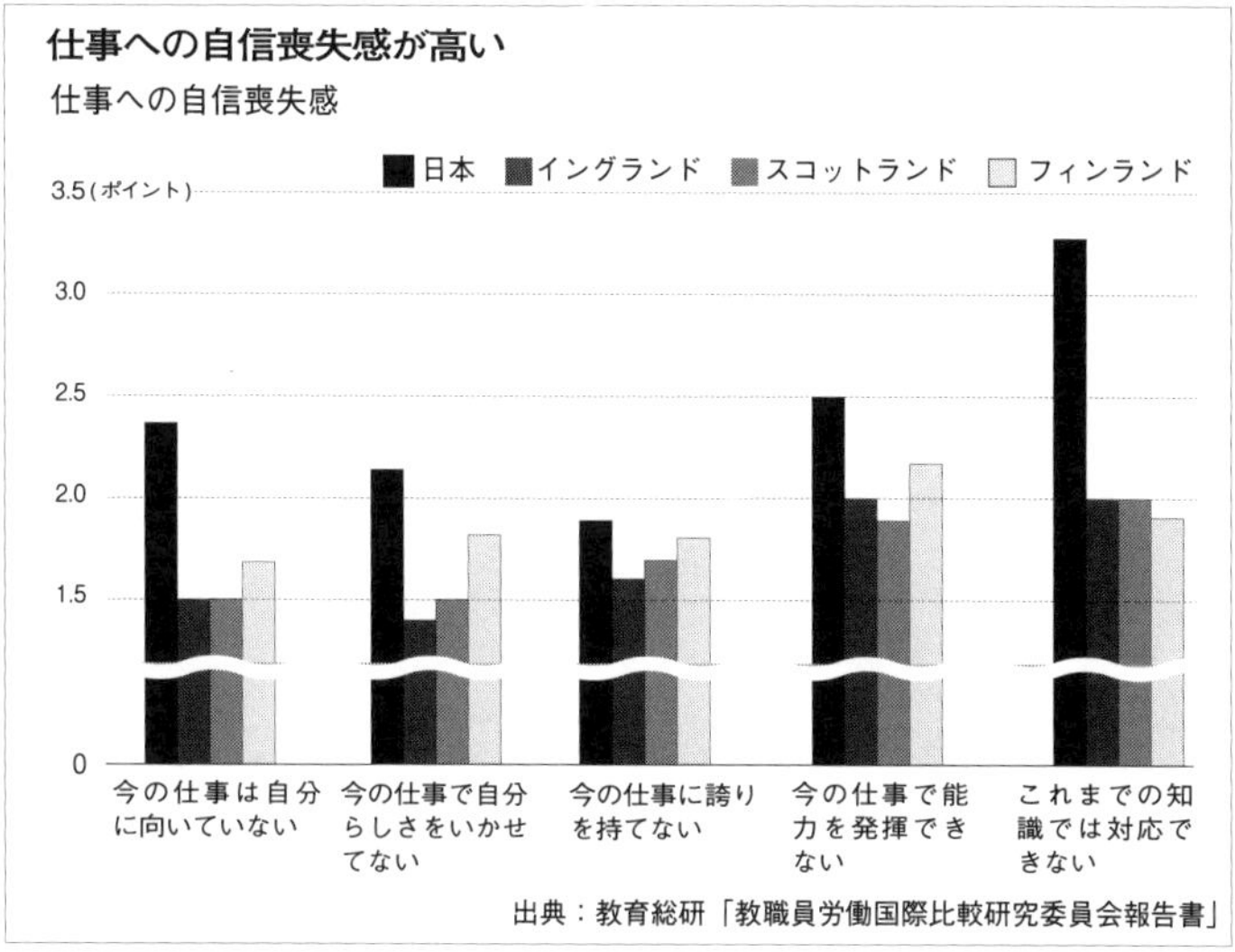
仕事への自信喪失感が高い
仕事への自信喪失感
日本
イングランド
スコットランド
フィンランド
3.5 (ポイント)
3.0
2.5
2.0
1.5
0
今の仕事は自分に向いていない
今の仕事で自分らしさをいかせてない
今の仕事に誇りを持てない
今の仕事で能力を発揮できない
これまでの知識では対応できない
出典：教育総研「教職員労働国際比較研究委員会報告書」

■スライド6

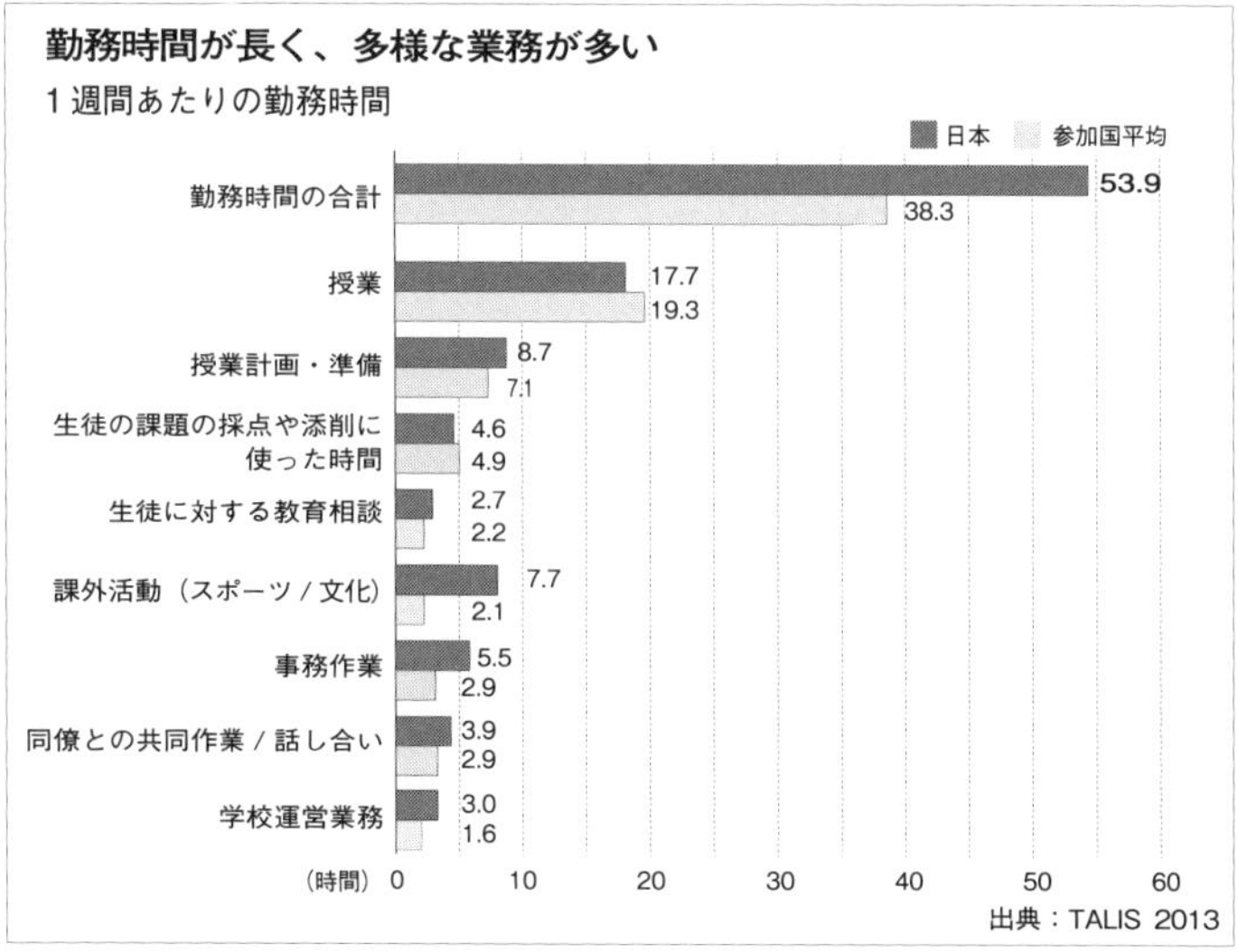
勤務時間が長く、多様な業務が多い
1週間あたりの勤務時間
日本
参加国平均
勤務時間の合計
53.9
38.3
授業
17.7
19.3
授業計画・準備
8.7
7.1
生徒の課題の採点や添削に使った時間
4.6
4.9
生徒に対する教育相談
2.7
2.2
課外活動（スポーツ / 文化）
7.7
2.1
事務作業
5.5
2.9
同僚との共同作業 / 話し合い
3.9
2.9
学校運営業務
3.0
1.6
(時間) 0
10
20
30
40
50
60
出典：TALIS 2013

■スライド7

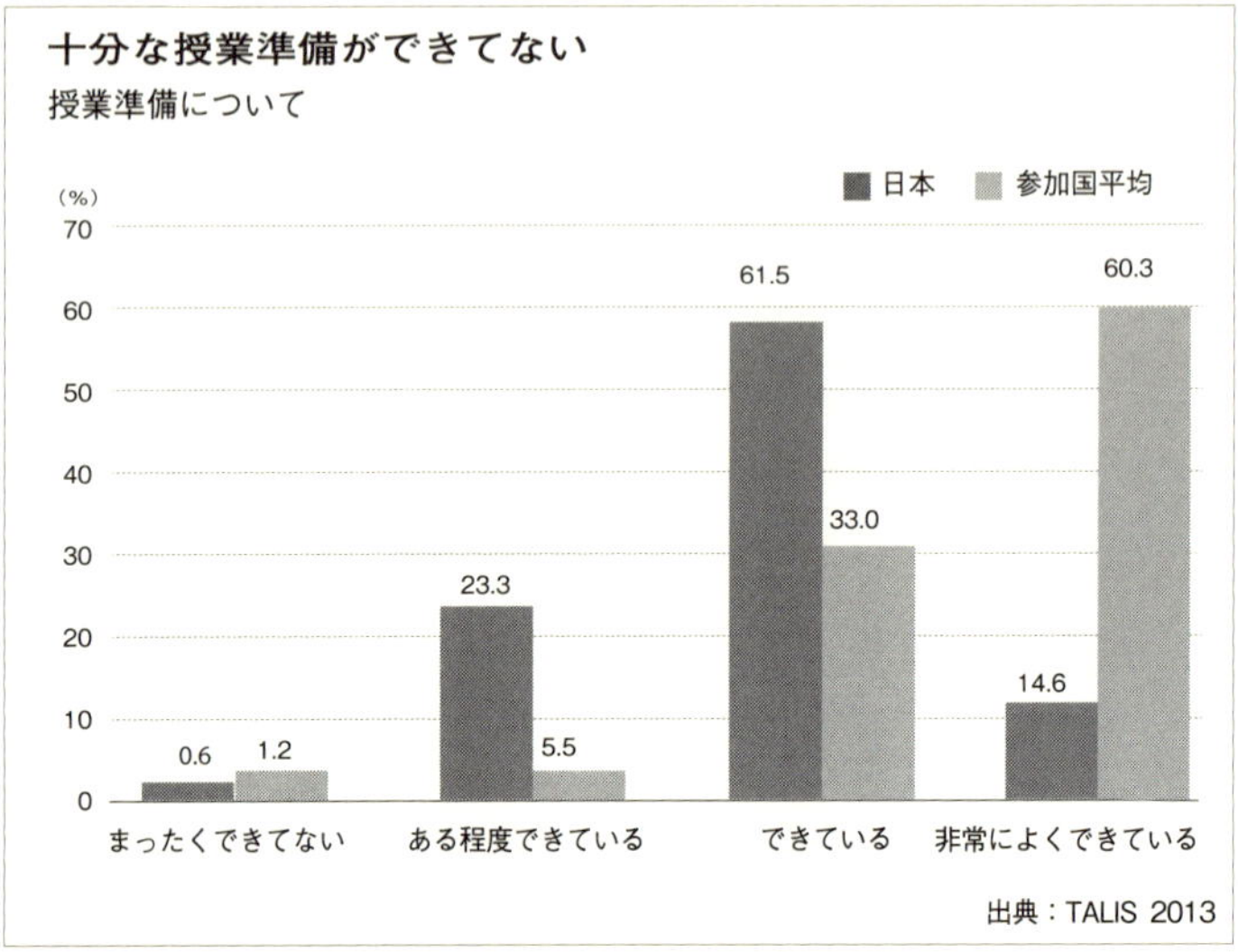
十分な授業準備ができてない
授業準備について
日本
参加国平均
(%)
70
60
50
40
30
20
10
0
61.5
60.3
33.0
23.3
14.6
0.6
1.2
5.5
まったくできてない
ある程度できている
できている
非常によくできている
出典：TALIS 2013

■スライド8

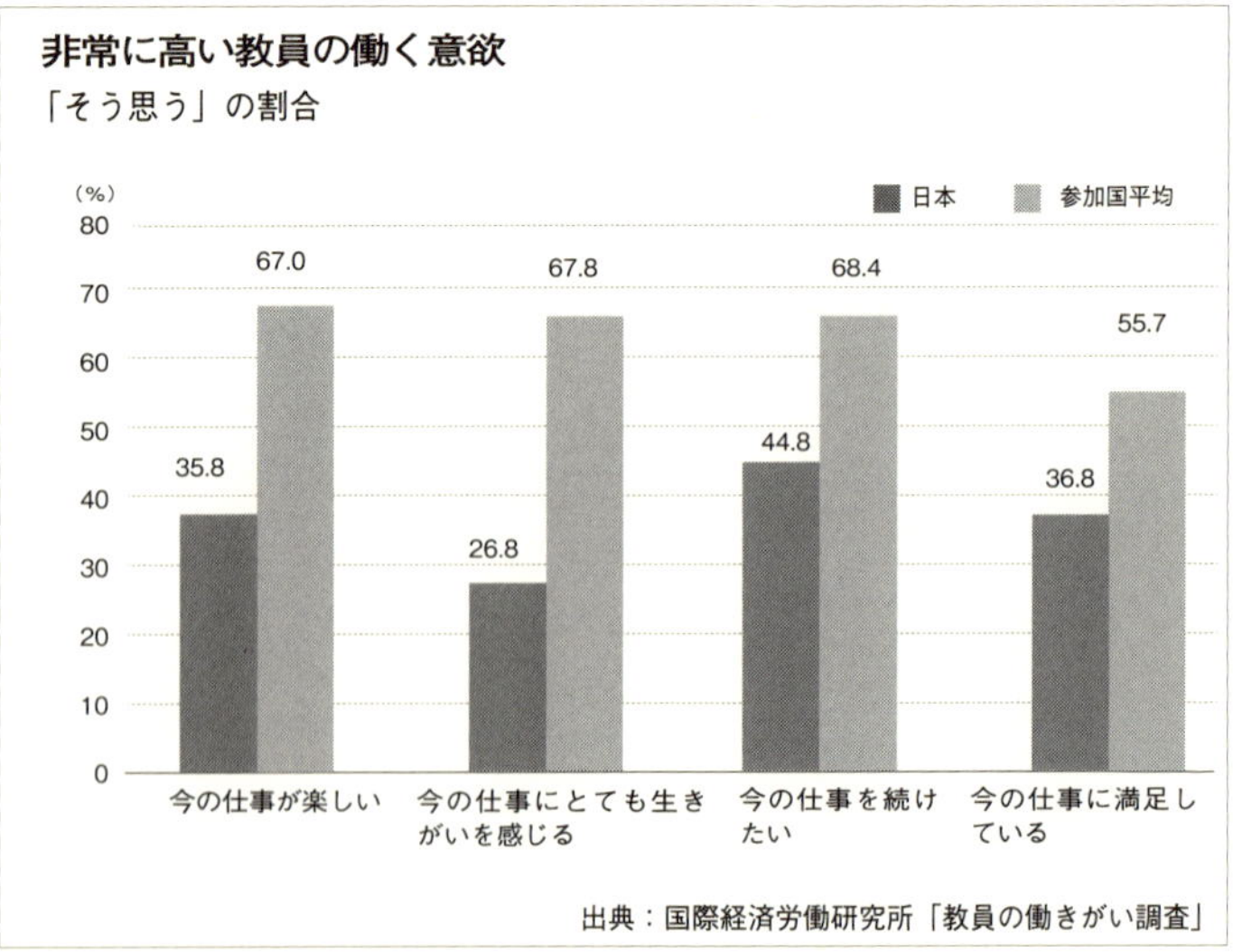
非常に高い教員の働く意欲
「そう思う」の割合
日本
参加国平均
(%)
80
70
60
50
40
30
20
10
0
67.0
67.8
68.4
55.7
35.8
44.8
36.8
26.8
今の仕事が楽しい
今の仕事にとても生きがいを感じる
今の仕事を続けたい
今の仕事に満足している
出典：国際経済労働研究所「教員の働きがい調査」

た調査結果では、一般企業で働く方と比較して、働く意欲が非常に高いという結果がわかっています。

しかし、**スライド9**を見ていただくとわかるように、年齢を重ねるとともに、今の仕事を続けたい、つまり、働く意欲が、民間の場合は、次第に高まってきますが、教員の場合は、下がってきます。なぜ、このようなことが起こるのでしょうか？

**スライド10**をご覧ください。内面から起こる仕事の楽しさはきわめて高い状態にありますが、休暇や労働時間などの満足度が低く、働きがいのバランスが偏っているからです。労働時間や仕事上の負荷によるストレスを感じながらも「子どもの成長のために」とがんばってきた教職員が、中堅からベテランになるにつれて意欲が擦り切れ、「バーンアウト」してしまうのです。学校の要である中堅からベテランの教職員を支え、バーンアウトを防ぐ仕組みが急がれています。

**スライド11**をご覧下さい。さらに近年では、学校活動における管理・統制が強化されたと感じる割合は、七七・五％と高くなっています。**スライド12**では、管理・統制を感じる点として、六五・五％が「学力向上対策」を挙げています。上からの管理・統制が強化され、教職員自らが判断しながら仕事をコントロールできる裁量性が低下している懸念があります。そうなると、さらなる意欲低下につながっていきます。

■スライド９

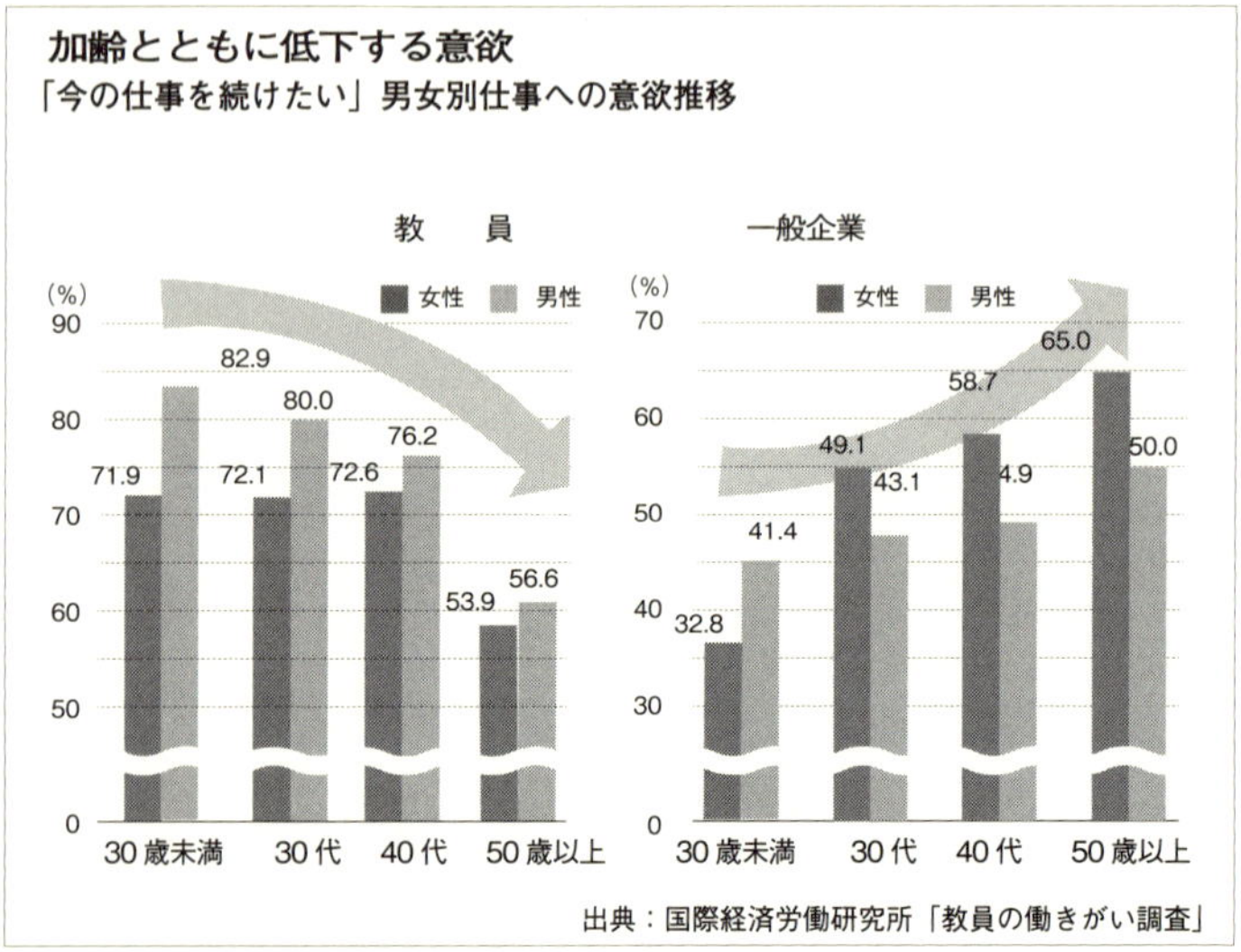


■スライド10

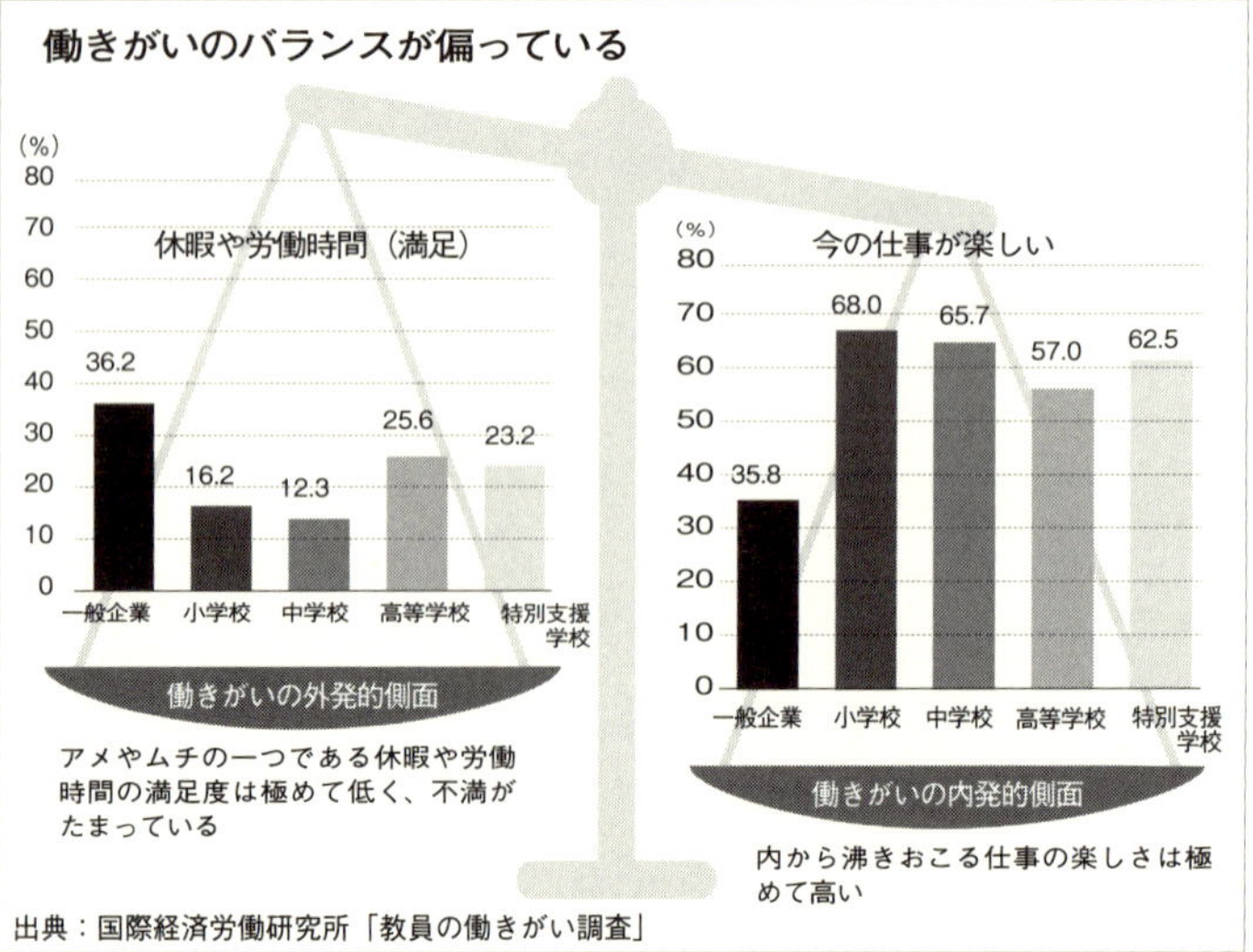

■スライド11

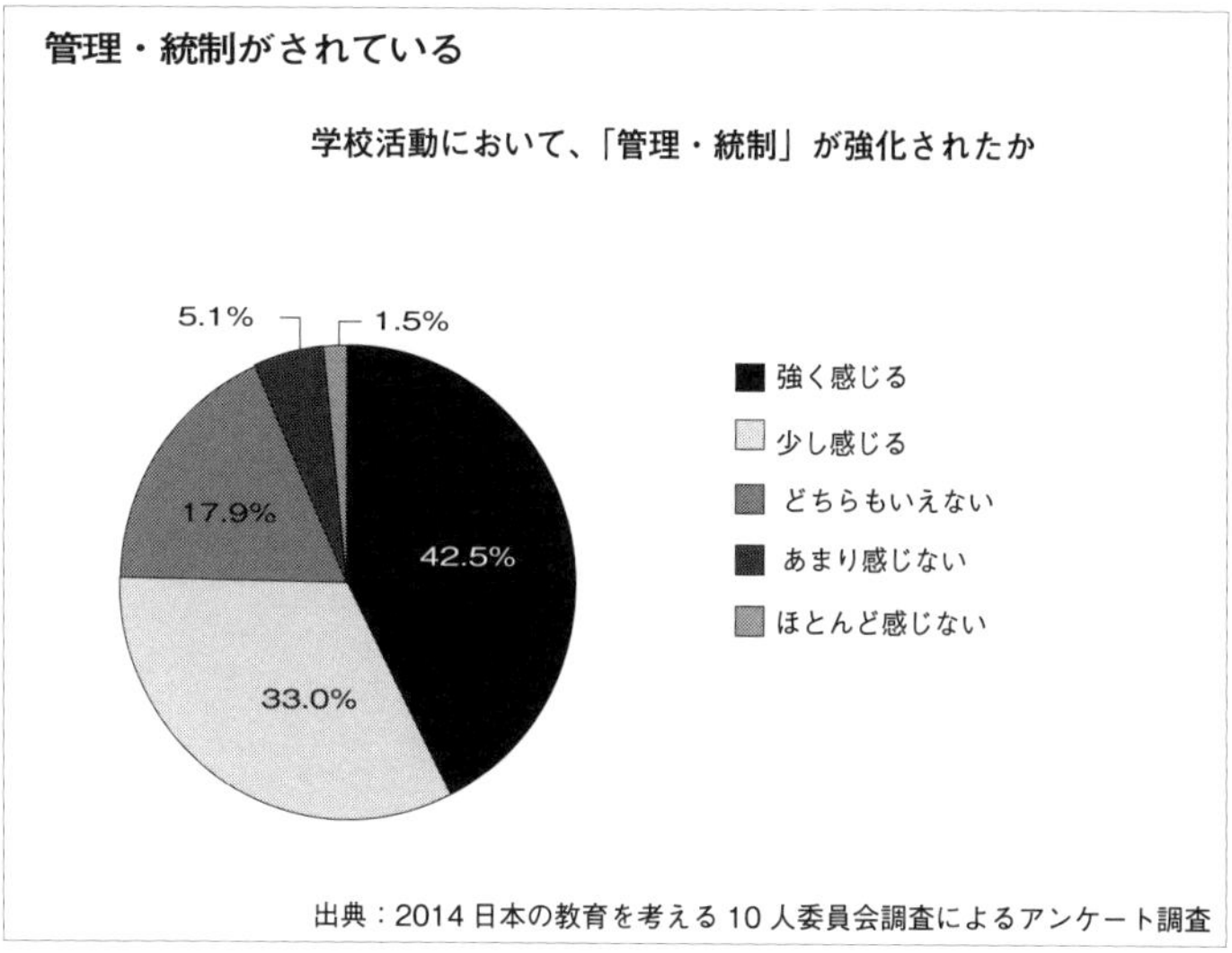


■スライド12

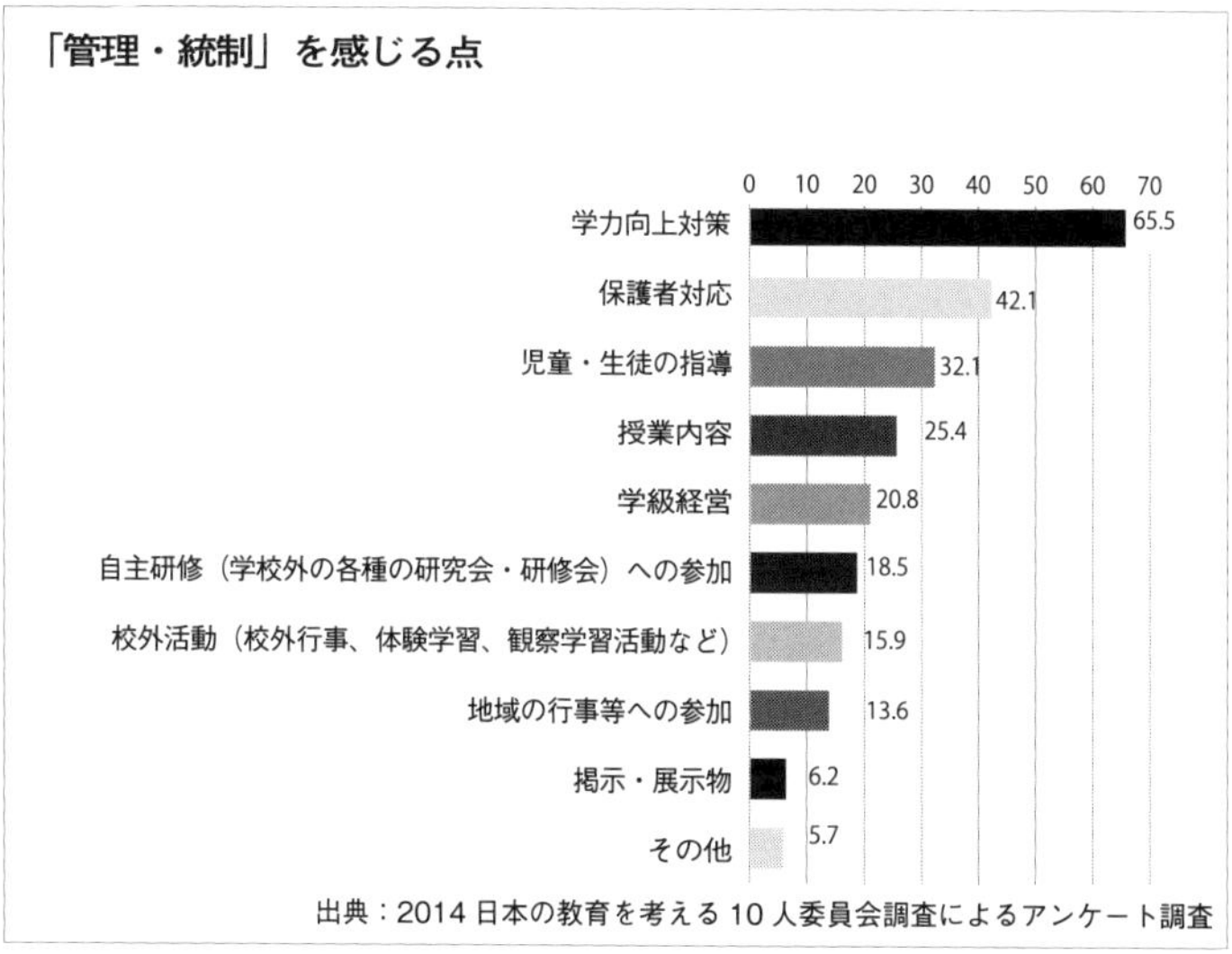

では、教員がやりがいを感じられるようにするには、何が必要なのでしょうか。まずは、教員が休みを取れるようにすることです。次に必要なのは、学校内で相談できる環境や体制が整っていること、教育委員会や地方自治体の支援なのです。**スライド13、14**をご覧ください。教育委員会や地方自治体の支援があると感じている教員は、やりがい観を強く感じている割合が高くなっています。

　大翔の隣の友人が、「大翔のおばさん、なかなか面白い話をするなあ」とひじをつついた。大翔はまんざらでもないのか、ニコッとわらった。

「会場には、四十歳代以上の方が多

■スライド13、14

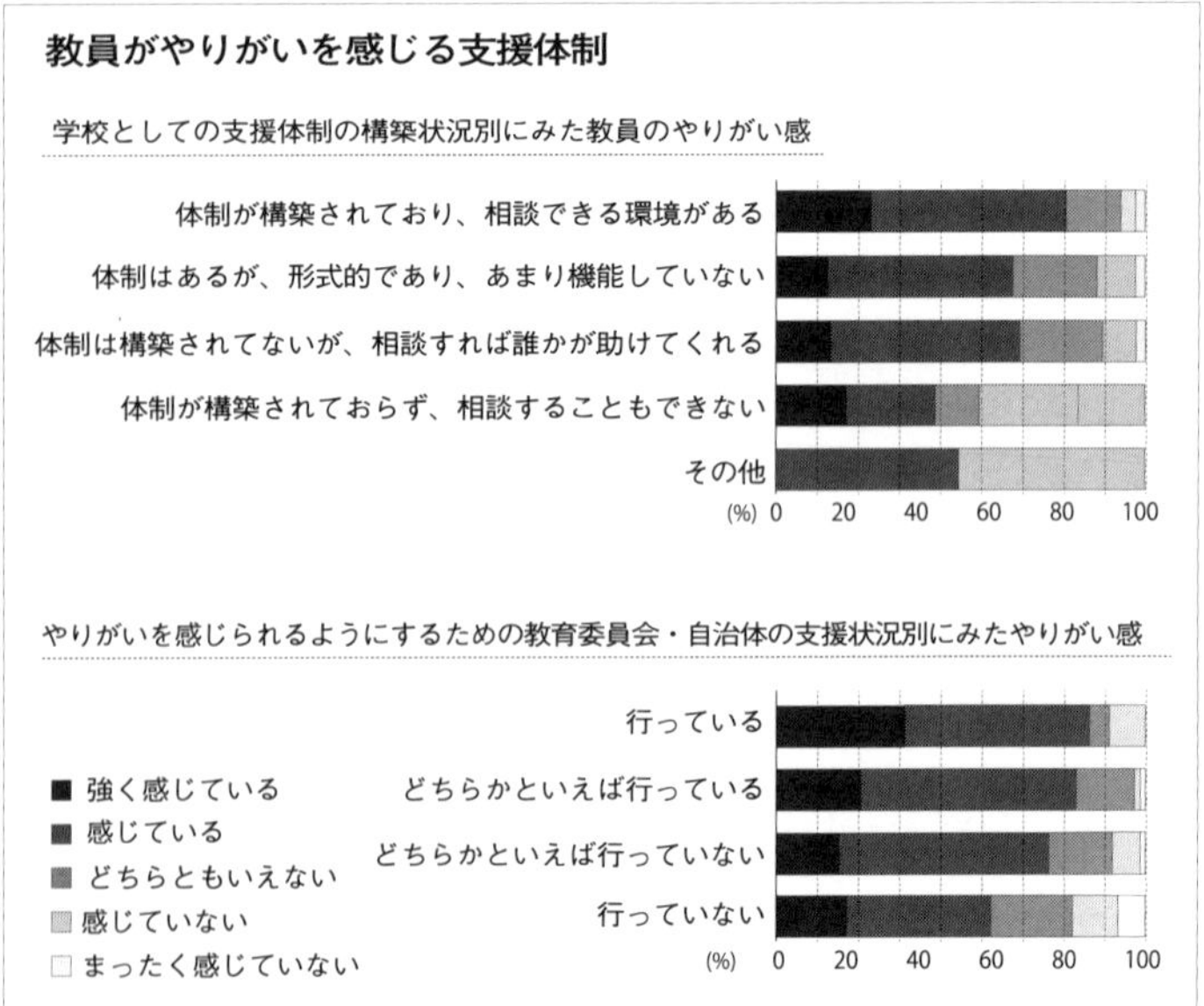


出典：2014 日本の教育を考える 10 人委員会調査によるアンケート調査

くいらっしゃっているようですから、興味深いお話をします。教員は、三十歳代後半から四十歳代後半にかけて、心の病に罹る割合が高くなってきます。**スライド15**をご覧ください。

このグラフの縦軸は元気度、または活動量を示しています。横軸は、年齢です。二十代前半を過ぎると人間の元気度は次第に低下してきます。しかし、活動量、仕事や家庭生活での責任の重さ、仕事の量は次第に大きくなってきます。ちょうど、四十歳代を過ぎたあたりで、元気度と活動量は逆転をします。元気度が活動量を上回っているときは、土日に遊んでも、疲れを癒すこともできますが、元気度が活動量を下回る年齢になると土日は休むことで、疲れを

■ スライド15

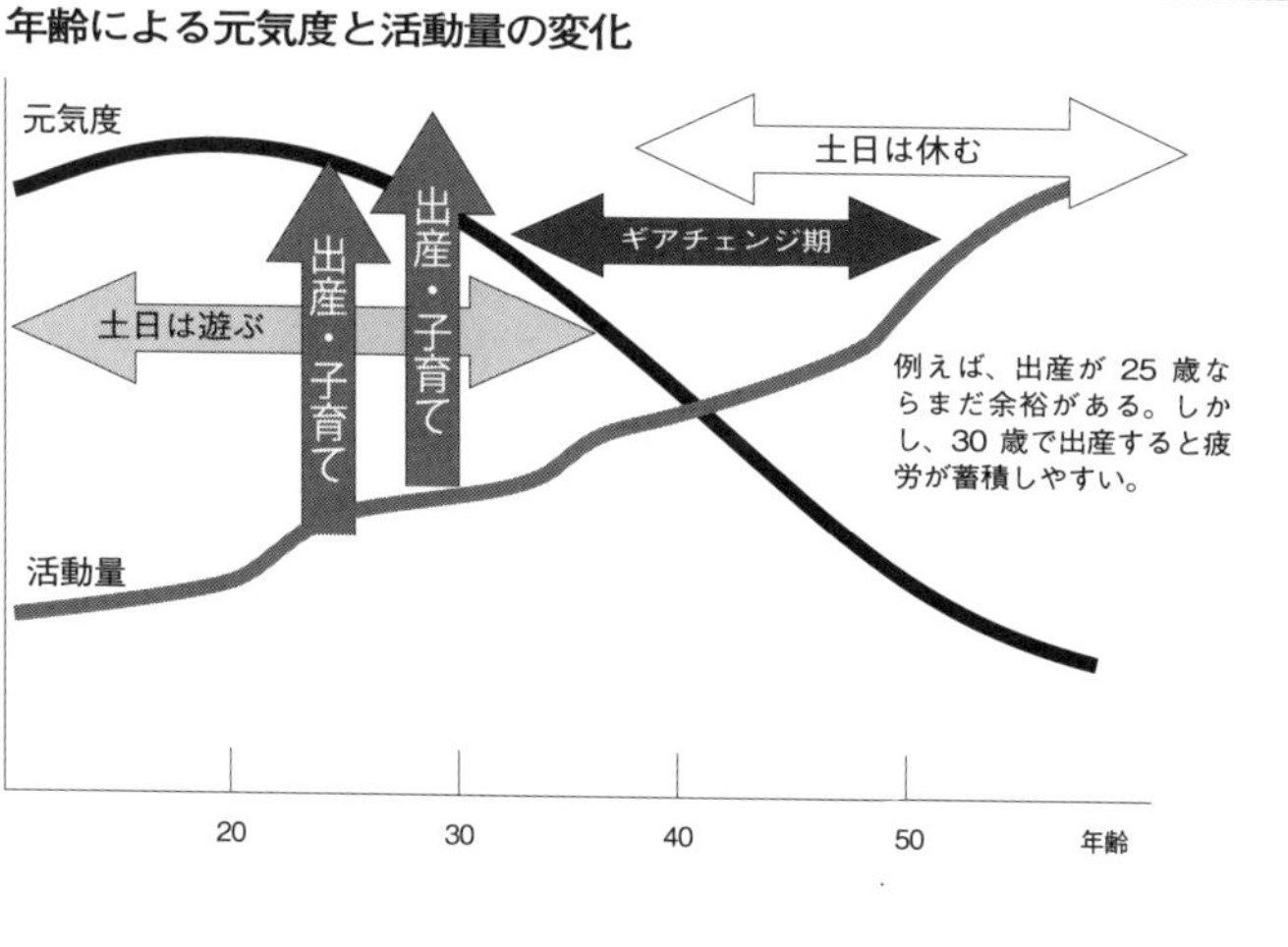


出典：メンタルレスキュー協会理事長・元自衛隊心理教官　下園壮太監修「クライシス・カウンセリング」

とることが可能となります。つまり、三十歳中盤から四十五歳半ばは、そのギアチェンジのときなのです。そのギアチェンジ期に、二十歳代と同じような土日も部活動指導をするといったような生活を続けていくと、最悪の場合、命を失なってしまうような悲劇が起こります」

その話を聞いた会場の雰囲気が変わった。北村先生のことだと感じたのかもしれない。

智子おばさんは、最後に、日本の法制度は、労働者が黙っていては、命、健康、生活を守ってくれないと訴えて講演を締めくくった。

講演後、大きな拍手が起こった。

第Ⅱ部は、パネルディスカッションだった。パネラーには、伊藤教育長、花咲校長、PTA会長の八柳さん、教職員組合の松井さんの四人、コーディネートは、大木智子さんだった。

まず、最初に口火を切った伊藤教育長は、「みなさんもよくご存じのように、桜ヶ丘中学校の北村大輔先生が昨年六月、脳出血で倒れ、救急搬送されました。幸いにも、命だけは助かり、現在、復帰に向けてリハビリに取り組んでいらっしゃいます。教職員のみなさまがたの命と健康が大事にされ、そして、働きやすい職場をつくることが、私ども教育委員会の重要な役割です。そのことを考えると、今回のことを通じて、私どもも、深い反省と二度とこのようなことが起こってはならないという決意をしております」と述べた。隣に座っていた花咲校長は、少し驚いたような表情をした。公務災害認定手続きに関わって、そんなに積極的に支援してくれるわけでもない教育長の言葉とは思えなかったからだ。

杉山先生も驚いた。ちょうど、隣に座っていた柴山弁護士に、「何かあったのですかね？　普段の教育長らしくない発言ですけど」とささやいた。柴山弁護士は、ウインクしながら、「私と市長が友人どうしだということは以前、お話したでしょ」とつぶやいた。

「そうだったんですね。公務災害認定に向けて力になります。ありがとうございました」

続いて、花咲校長が、今、学校と教職員が置かれている現状について、切々と訴えた。そして、現在、北村先生の公務災害認定と子どもたちにとっても、学校にとっても過ごしやすい環境となるようその整備に全力をあげていることを話した。

ＰＴＡ会長の八柳さんは、「私は、会長として一度、校長先生にクレームを申し上げたことがあるんです」と述べた。会場がどよめいた。「昨年の六月、北村先生が倒れられた後だったと思います。妻から、北村先生が緊急入院をされたらしいわよと話を聞いて、校長先生に連絡をしました。学校で、何か大変なことがおこっているんじゃないですか。困っておられることがあるのなら、遠慮なく話してくださいとお伝えし、翌日、副会長といっしょに校長先生にお話を聞きに行きました。

「教職員の欠員が四月以来続いており、先生方にとてもご負担をかけていること、そのなかで、北村先生が倒れたことをお聞きしました。その際、ＰＴＡとしても市長に欠員を一刻も早く解消するようお願いに参りました。もっと、私どもの動きがはやければ、このような事態にはならなかったのではと、とても後悔しております」

教育長が、北村先生が倒れたことから口火をきったことで話題がそちらに集中してしまった。

教職員組合の松井さんが発言した。

「私たちの仲間のことをほんとうにご心配いただきありがとうございます。今、教職員一人ひとりは、自らの『働き方改革』と向き合っています。これから、各学校では卒業式練習、そして、思い出のＤＶＤづくりなどが始まります。昔から卒業式の練習はありましたが、思い出のＤＶＤづくりはありませんでした。でも、いつの間にか、教員のやるべき仕事になっていました。子どもたちも喜び、思い出になるＤＶＤをつくるなとは言いませんが、こうやって、どんどん教職員自らが仕事を増やしてきました。ＤＶＤづくりを止めようとすると、後ろめたい気持ちになったりして、なかなか一人では止めることはできなくなります。このようにして子どものためならばと、どんどん教職員自らが仕事を増やしてきました。私は、一人の教職員が倒れた今、本来の教職員の仕事とは何かをお互いが語り合ってみる時期だと思います。

また、保護者・地域のみなさんにお願いがあります。学校は、今、みなさんの支援を必要としています。もちろん、その前提として、学校からもっと、ＳＯＳを発信することが必要だと思います」

続いて、八柳さんが発言した。

「四年前、NHKのおはよう日本で放映された番組では、岡山県のある小学校では、卒業式の準備を前に体育館を掃除したり、小学校正面玄関を飾る生け花などを保護者が担当するそうです。休み時間、校庭で遊ぶ子どもたちを見守るのも保護者の仕事で、四十人のPTAが交代で担当しており、その間に、先生たちは授業の準備をしているとのことです。

保護者・地域をまきこむことができた鍵は、『話し合い』だったそうです。先生、住民、PTA、老人クラブの代表などが二年間も議論し、先生の業務をひとつひとつ見直したとのことです。サマーキャンプ・登下校の安全指導・防犯教室などは地域に委託。音楽会、夏休みの水泳教室・夜間の電話対応などは廃止や簡略化し、なんと五十の業務を見直ししたそうです。

学校の代表としてその話し合いに参加していた先生は、『頼みごとをすれば、先生は楽をしようとしているんじゃないかと思われないかととても怖かった』みたいです。しかし、地域の人は、学校が声を上げるのを待っていたようで、『ここは手を貸してほしいと言って』と逆提案をされたそうです。私もその気持ちがよくわかります。本当に困っているので、助けてほしいと言われれば、何とかしようと思いますよ」

花咲校長は、数年前、学校の行事をスリム化しようとしてずいぶん地域の有力者から「自分たちの思い出の行事をなくすのか」とさんざん言われたことを例に出して、保護者の理解を得ると言ってもそんな簡単にはできないのではないか、と発言した。

八柳さんは、たしかにそういう方もいらっしゃいますが、保護者が願っているのは、わが子が通う学校の先生が本来の仕事に専念できる環境、子どもたちの話をしっかり聞ける時間のゆとりをつくることですから、まずは、何のために、業務を精選するのか、しっかり話し合っていきましょう、と述べてくれた。教育委員会に対しても、市の広報で、ノー部活動デー、土日の部活動はどちらか一日は休みなど、市民の理解をえるようなことにもっと積極的な方策を講じてほしいですね、と注文をつけた。

教育長は、「わかりました。こうやって、市民と学校、行政がつながって学校の働き方改革を進めようという機運が高まっているときですから、一生懸命やりますよ」と決意を語った。

松井さんが手をあげた。「教育長さん、せっかくの機会ですから、私どもからも二点、お願いがあります。まずは、年に三回もある学力テストです。全国学力テストの前には、教育委員会から事前学習の準備を目的に過去問題集を配付されたり、テストの数日後には、テスト結果の自主採点と課題をまとめて教育委員会に提出するなど、非常に忙しい日々が続きます。その上、市の学力テストと年がら年中、振り回されています。お聞きになっているかもしれませんが、学力テストの前には、学校を休む子どもたちが増える、という報告もあります。その時期は、持ち帰り仕事も増えます。

文科省が示した勤務時間のガイドラインを超えないように周知徹底されることも必要ですが、勤務時間内で仕事を終えることができず、やむをえず、持ち帰って仕事をした時間も勤務時間とするよう教育委員会独自の規則を検討していただきたいです」

花咲校長も応じた。「同感ですね。議会で、学力テストの点数を上げることを求める意見を出す議員の方がいて、教育長さんがお辛い立場に立たされたことは何度も聞かせてもらっています。でも、一人の人間が幸いなことに命を救われ、それを契機に、様々な立場の人が、なんとか学校を働きやすい職場にしようと集まってもらっています。しかも、最初の講演で教員の多忙は、子どもたちにけっしてプラスにはならないというお話もあったばかりです。教育長さんのお考えをお聞きしたいです」

さすがに、伊藤教育長も厳しい表情になった。そして、何か決断したように次のように話をした。

「学力テストについては、来年度から市のテストを廃止する方向で検討中です。そこにかける予算があったら、部活動指導員を増やすなどに回した方がいいと考えております。また、持ち帰り仕事についても、将来的にはテレワークなどの導入を見据えて、今の制度のもとでも、校長への申告をもとに持ち帰り仕事を勤務時間のなかに含むという規則の見直しを行う準備をしています」

会場がざわつき、拍手も起こった。「教育長、よく言った」という声まであがった。

杉山先生は、すぐに隣の柴山弁護士を見た。柴山弁護士は、小さな声で「よし」とつぶやきながら、首を縦にふった。

シンポジウムの最後は大輔からの訴えだった。控室では、妻の由紀、そして葵と一緒にモニターテレビを見ていた。

「あー、緊張するなあ」

「そりゃそうよ。この集会はあなたのために開かれようなもんだからね」

「話し合いのようすを聞いたり、会場の雰囲気から、今の学校の働き方を何とか改革しなければならないという気持ちがどんどんと大きくなっているのを感じる。これまでのリハビリで苦しかったことなども忘れて、よしやるぞという気持ちにもなってきたよ」

「お父さんの言葉、みんな、待っているよ。これまでの思いを正直に話してね」と葵が言った。

スタッフから、「会場の準備ができましたので、舞台正面の演台でお話しください」という声がかかった。

# 第15章　命からの訴え、そして公務災害の認定は？

大輔は、気合を入れるため「よしっ」と小さく声を出した。

松葉杖をついて、ゆっくり、一歩ずつ、ステージの正面に向かって歩いて行った。歩きながら、今、こうして自分が生きていることへの感謝の気持ちが大きくなった。

演台の後ろに立つと、深々と礼をした。その瞬間、涙が浮かび、しばらく、頭を上げることができなかった。

「親父、がんばれ」

大翔の声だった。

続いて、会場のあちこちから、「北村さん、がんばれ」という声があがり、大きな拍手が起こった。

大輔は、流れ出る涙を拭こうともせず、話を始めた。

「みなさん、本日は、教職員の長時間労働を解消するために、こんなにも多くの方々に集まっていただき、ありがとうございました。私は、北村大輔と言います。昨年六月二十八日、早朝、脳出血で倒れ、奇跡的にも命だけは助かりました。でも、まだ、歩くのが不自由ですし、高次脳機能障害もあります。そのため、再び、学校に復帰できるかどうかまだわかりません。

私が脳出血で倒れたのは、長時間労働が原因となっていることから、来週早々、公務災害を申請します。申請に必要な証拠集めや書類づくりには、本当に多くのみなさんのご支援がありました。この場を借りて、お礼を申し上げます。

私は、自分がこのような状態になるまで、自分の心身の健康、そして家族のことを第一に考えて職業生活を過ごしていませんでした。子どもたちのためと思い、必死で働いてきました。仮に、私が、学校に復帰できたとしても、以前のように夜遅くまで働けるような状態にはならないと思いますし、そのような働き方はもう二度としてはならないと思います。

四年前に、学校の働き方改革を進めるための通知が文科省から出されました。しかし、その通知に書いてあることの多くは実現されず、学校は変わりませんでした。私は、リハビリを続けながら、その理由を考え続けてきました。一つは、自分は、少々、無理をして長時間労働をしても倒れるなんてことはないと勘違いしている教職員が多いからだと思います。私もその一人でした。二つ目は、教職員の高い使命感です。学校のことはすべて教職員でなんとかしなければならない、と思い込んでいました。『SOS』を社会に向かって教職員自らが発信することをしてきませんでした。私は、そのことを、息子の大翔から教えられました。

大翔は、私が、倒れる前、このようなことを私に言いました。

『教員は、何時間、残業をしようともただ働き。それでも、ほんとうは、身体が辛くて休みたいのもがまんして、働き続けている。世の中の人は、親父がどんな環境で働いているか、真実を知らない。教員のただ働きが当り前の働き方に何の疑問を持たない社会のなかで、あまりに親父がばかにされていると感じる。それが悔しいんだ』

教職員は、もっと外に向かって、今、学校で起こっていること、困っていること、悩んでいることを勇気をもって伝えていく必要があります。もっと、多くの市民の方とつながり、力を借りて、学校を変えていく必要があります。それが、子どものためになるのです。

会場にお集まりのみなさん、是非とも、教職員と一緒になって、子どもたちが健やかな成長を遂げる学校をつくっていきましょう。

よろしくお願いします」

最後に、もう一度、大輔は、頭を下げた。

大きな、大きな拍手が大輔を包んだ。

控室に帰ると、由紀、大翔、葵と肩を抱き合って泣いた。

大輔は「教職員が声をあげる」ことで社会が動きはじめることを実感した。

二〇二四年十一月二十八日、地方公務員災害補償基金は、大輔の脳出血の原因は、公務（仕事）という結論を出した。大輔が倒れて、ちょうど一年半が経過していた。

# あとがき

文科省や教育委員会、保護者や市民から言われたことを断ることもできず、やるしかない、それが多くの教職員に求められてきたあり方でした。これを「めっしほうこう（滅私奉公）」といいます。最近では、文科省は、このような教師像を献身的教師とも呼びます。その結果、自身や家族を二の次にして教職という職業生活を営み、最悪の場合は命を落とすまで働くのです。

教職員は子どもの手本です。対話的・主体的で深い学びを実践するには、教職員自らにその姿勢が求められます。子どもはその姿勢から、そのような学びの価値を学ぶのです。多忙は、人間がもっている五感による身体全体で得られる情報を感じなくなり、表層の知識情報を教えることしかできなくします。「滅《めっ》私《し》奉《ほう》公《こう》」とは、人間としての主体的、自律的な考えや思考、五感を通じた学びの放棄であり、そのような教職員は、ＡＩにとってかわられます。このタイトルは、ＡＩ時代における教職の危機に対する警鐘でもあります。

私は、常日頃、学校が子どもたちにとっても、教職員にとっても自らの存在を認めてくれる場であってほしいと考えています。そのように考える原点になったのは、一九八〇年四月の広島県公立学校中学校教員採用から六年間、「指導力不足教員」として認定された私を支えてくれた子どもたち、保護者、同僚、そして部落解放運動の活動家からいただいた言葉です。指導力不足教員から抜けだすために、早朝の部活動指導からはじまり、毎日の家庭訪問、深夜までの授業研究を続けました。しかし、毎年、学級崩壊、授業崩壊をくり返しました。

そんな葛藤の日々が続くなか、部落解放運動の活動家からの叱咤激励や、被差別部落のおばあちゃんからの「部落差別で字を習う機会が奪われた。字を読めない私にとって、先生をほんとうに頼りにしている」と泣きながらの訴えでした。私はその思いにふれ、心が奮いたちました。また、尊敬する先輩の教員からは、「藤川君、あらゆる教育活動は子どもと教師のあいだに信頼関係・人間関係という絨毯のうえに成りたつ。それを、君は実践していない」と叱られたことにより目が覚めました。私は、これらの言葉を胸に、教職七年目を迎えました。その年から、子どもと私との関係が変わりました。そうして、教職の道を歩む決意を固めた矢先、組合の役員にならざるをえなくなり、休職することになりました。中学三年生の学級担任の年でした。卒業式のホームルーム後、学級で一番やんちゃだった子どものお母さんが一人、廊下で待っていました。「先生、なぜ組合の役員になるの。うちの子どものような『問題児』でも、居場所がある学校にするのが組合の役割じゃろ」と泣きながら語ってくれました。私は、言葉もなく、頭を下げました。この本は、これまで私の礎を築いてくれた方々への私からの一つの回答でもあります。

さて、今、国が定める中央教育審議会（以下、中教審）において、教員の働き方改革について審議され、一年単位の変形労働時間制の導入などが答申されました。英知を集めた答申ですが、「定額働かせ放題」を認める給特法を残すなど、重大な欠陥があります。学習指導要領が改訂されるたびに、また通知が発出されるたびに、次々と新たな業務や課題が学校現場に降ってくるシステムを支える給特法を変えない限り、教員がブラックな職種から大きく変わることはないと考えています。ただ、希望もあります。この現状に対して、教員を助ける学生団体「Teacher Aide」が立ち上がり、現在、燎原の火のごとく全国にその活動が広がっていることです。教育の未来を担う学生のみなさんの行動力と影響力の大きさには、労働運動しか知らない私にとっては驚きの連続です。学校の働き方改革は、新たな段階にはいったのです。

この書籍の執筆にあたり、過労死された夫の写真と子ども・保護者からの手紙を提供していただいた工藤祥子さん、伴走してくれた時任悟君、山本留美さん、良知令子さん、法的なチェックをしてもらった友人の弁護士、小中学校現場で働く教職員の思いを聞かせていただいた能澤英樹さん、八重樫千晶さん、平野薫さん、釜口清江さん、泉雄一郎さん、通信制高校の実情を教えてくれた吉竹資英さん、英語教育について情報提供をしていただいた繁沢敦子さん、西原宣明さん、書籍全般にわたってアドバイスをいただいた實吉徹さん、丹生聖治さん、沼本慎二さん、公務災害認定に関わる取材協力をしていただいた本村隆幸さん、松尾茂昭さん、桑野剛史さん、津留雅昭さん、祐成典子さんに感謝申し上げます。最後に、私の健康を気遣い、見守ってくれている妻と二人の娘に心から感謝します。

（二〇一九年六月十七日）

半世紀ぶりに給特法が改正されました。改正内容は、次の二つの柱からなっています。一つめ、勤務時間の上限を時間外勤務の上限を原則「月四十五時間、年三百六十時間」と定めた文科省のガイドラインを法的な指針としたこと、二つめは一年単位の変形労働時間制を公立学校の教員にも適用することを定めたことです。時間外勤務の上限を指針として法的に定めたことは実効性を確保する面から一歩前進と言えます。変形労働時間制は、学校行事などで忙しい月の勤務時間を延ばし、その分、夏休みに五日間、休みをまとめ取りするものです。勤務時間が長くなる時期は疲労が蓄積し、「夏休みまでもたない」という現場からの声もあり、地方自治体における導入にあたっては、現場の実情を踏まえた慎重な検討が求められます。文科省は、三年後に勤務実態調査を実施し、それをもとに給特法の見直しについて議論を行う予定です。本書が、教職員自らの意識改革を含め、「学校の働き方改革」が一歩でもすすめるヒントになることを願っています。

（二〇一九年十二月三日）

# 教員身分法案要綱案

## 第一　総則的規定

一、本法の目的

教員の特殊な職務に鑑み官公私立学校を通じて、教員の種類、任用、資格、分限、服務、懲戒、給与その他の待遇、団結権・団体交渉権等について一般公務員に対する特則を設けること。

二、教員の定義及び身分

左の教員は学校教育法の定める学校の教員をいふのであって官公私立の学校を通じて教員はすべて特殊の公務員としての身分を有するものとすること。

三、教員の任命及び種類

教員には等級を分たず學校の種類によってそれぞれ左の種類の教員を置くものとすること。

小学校

学校長

訓導

助訓導

中學校

學校長

訓導

助訓導

高等學校

學校長

教諭

助教諭

大學

大學總長又ハ大學長

教授

助教授

助手

第二 任用

二

四、任用・資格

教員は一定の教員資格を有する者であつて、一定の缺格条項を有しない者の中から任用せられること。

教員資格は一定の學歴を有する者又は検定試験に合格した者について一定期間の研修を行つた後これを附與するものとすること。

検定試験は政令の定めるところにより各級の學校教員についてそれぞれ別に定めること。

三

五、任命手続

小學校及び中學校の教員は、都道府県教職員委員會の議によりこれを任命するものとすること。

高等學校の教員は地方教育委員會の議によりこれを任命するものとすること。

大學の教授、助教授及び助手は、その大學又は學部の教授會の議により大學総長又は大學長がこれを任命するものとすること。但し學校新設の場合には地方教育委員會の議を經た大學総長又は大學長がこれを任命するものとすること。

四

四

大學総長又は大學長は各その大學の定めるところにより選出した者について文部大臣がこれを任命するものとすること。

第一項、第二項及び第三項但書の場合を通じて私立學校の教員の任命に当つては、その學校の経営する者についてこれを行はなければならないものとすること。

## 第三　分限

### 六　身分の保障

教員は刑法の宣告若くは懲戒処分又は審査の結果による場合の外は、左の事由の何れかによるのでなければ、その意に反してその職を免ぜられることはないものとすること。

(一) 心身の故障のために職務をとることができないと決定されたとき。

(二) 定員の改正によつて過剰を生じたとき

前項第一号の決定は、小學校及び中學校の教員については都道府県教育委員會、高等學校の教員については地方教育委員會、大學の教員についてはその大學の教授會においてこれを行ふものとし、その決定に不服がある者に対し

四

ては上訴の途をひらくものとすること。

七、休職の制限

教員は左の事由の何れかによるのでなければ休職を命ぜられることはないものとすること

（一）懲戒に関する規定により教員審査委員会の審査に付せられたとき

（二）刑事事件に関し起訴せられたとき

（三）心身の故障のため職務をとることが困難と決定されたとき

前項第三号の決定は専門医の診断により前条第二項の機関においてこれを行ふものとすること。

八、減俸の制限

教員は懲戒処分による場合の外はその意に反して減俸せられることは無いものとすること。

九、転職の制限

教員は懲戒処分又は審査の結果による場合の外は、その意に反して転職を命ぜられることはないものとすること。

五

一七、教員の審査

弱行教員の整理又は教員配置の不適正を排除する為教員はその任命後七年毎に教員適格審査委員会の審査に附せられるものとすること。

教員審査委員会に於ては教員について左の事由の有無を審査するものとすること

(一)心身の衰弱により教師の使命を達成することが困難なこと

(二)その他教員として著しく不適当なこと

教員の任命権を有する機関は教員に前項の各号の何れかが有りと認めることの出来臨時に教員審査委員会の審査を求めることができるものとすること。

教員審査委員会の組織は政令を以てこれを定めること。

第四 服務

二、教員服務規律

教員の服務について左の趣旨の規定を設けること。

(一)教員はその崇高な使命を自覚し、全体の奉仕者として、国民に対しその責任を果さなければならないこと。

六

(二) 教員は、国民の師表たるにふさはしく常に修養に努め、清廉に身を持すべきこと。

(三) 教員は常に研究に努め、工夫と努力をつくすべきこと

(四) 教員は、その職務と両立しないような活動に従事することができない。

一二 研究の自由

教員の研究の自由はこれを尊重し、何人もこれを制約してはならないこと。但し教育に当つては教育の目的に照らし各級の学校により自ら一定の制約の存することは認められねばならないこと。

一三 再教育又は研修

教員は、一定の期間その勤務に従事したときは、現職現俸給のまま、再教育又は視察その他研究のため、学校その他の研究機関に入り若くは内外の留学視察により自由研究をする期間が与へられること。

第五 懲戒

一四 懲戒の方法及び懲戒罰

教員が、服務規律に反し、その他著しくその本分に背く行為をした場合

七

八

令においては、教員の審査委員會の議によりその教員の任命权をもってある機関が左の懲戒処分をなすことができるものとすること。

一、免職

二、轉職

三、減俸

四、譴責

第六 俸給その他の待遇

一五、俸給

教員の基本給は官吏と同等とする外、その職務の性質に鑑み、教員には職務俸として政令の定めるところにより一定額以上の研究費を支給すること

一六、昇給

教員の昇給は官吏の昇給と同じ標準が認められること

一七、恩給

官公立學校の教員の恩給については官公吏と同等以上の恩給を支給すべきこと

八

私立學校の教員の恩給については、恩給財団の制度を制度を広充し、国の補助を得て大体において官公立學校の教員と同等の恩給を支給すること。

一八、労働基準法の適用排除

教員については労働基準法の規定は適用されないものとすること。

第七 教員の団結及び団体交渉权

一九、教員連盟

教員は左の目的を達成するためにその自発的な自治的団体として教員連盟を組織することができるものとすること。

(一) 知能の研磨、徳操の涵養及び社會奉仕の向上。

(三) 教育制度の改革、教育内容の充実及び學校運営の民主化。

(四) 福祉の増進及び相互扶助。

教員連盟は一定地域内の各級の學校に勤務する教員を以て組織し、縦横の聯合會と組織することができるものとすること。

二〇、労働組合法の適用排除

教員は、労働組合法による労働組合を組織し又はこれに加入することはできないものとすること。

二、団体交渉権

教員連盟はその目的を達成するため団体交渉をなし又は団体協約を締結することができるものとすること。

団体交渉によってその目的を達成することができないときは、教育委員会の調停又は仲裁を請求することができるものとすること。但し教育を停廃せしめる争議行為をすることはできないものとすること。

三、労働関係調整法の適用排除

教員については、労働関係調整法の規定は適用されないものとすること。

参考

四、任用資格

教員の欠格原因

1. 心身に著しく故障のある者、

2. 禁錮以上の刑に処せられ服役終了後三ヶ年を経過しない者

3. 破産の宣告を受け、復権しない者、

4. 懲戒又は教員審査の結果により免職処分に付せられた後三ヶ年を経過しない者

七

六　身分の保障

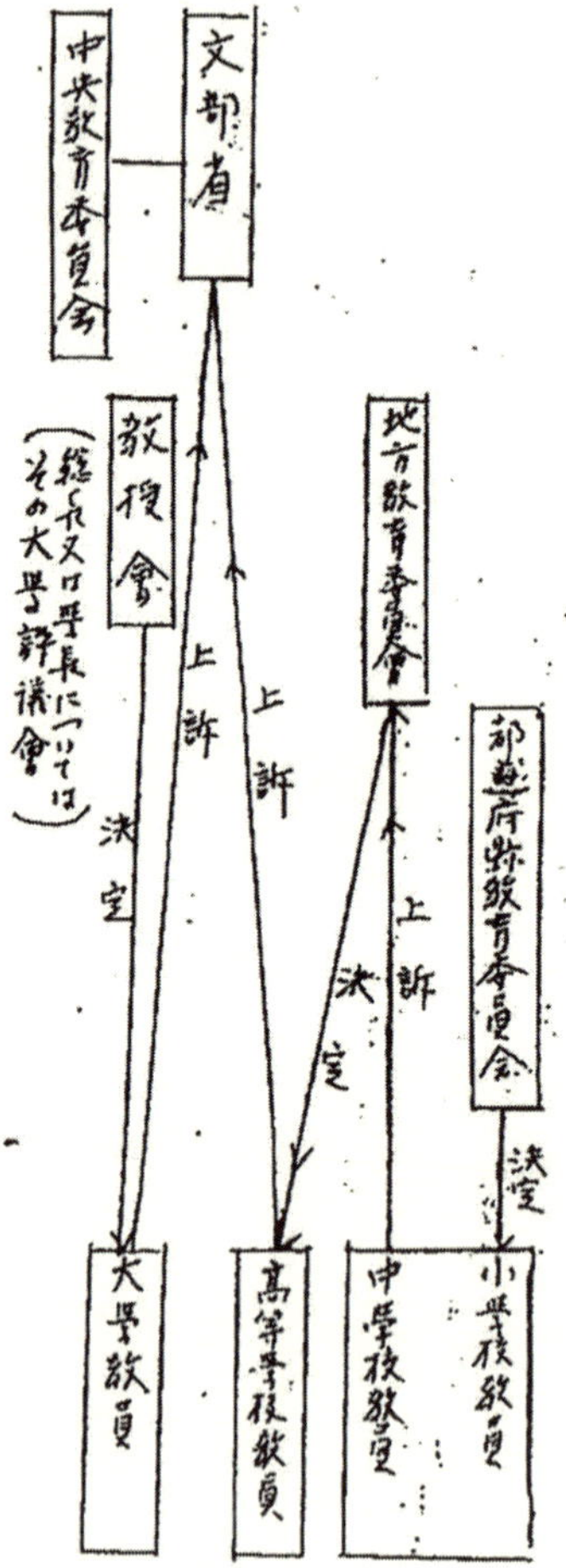

文部省
中央教育委員会
教授会
（総長又は学長については　その大学評議会）
上訴
上訴
決定
地方教育委員会
都道府県教育委員会
上訴
決定
決定
大学教員
高等学校教員
中学校教員
小学校教員


十二

十、教員の審査

一、小学校及び中学校の教員の審査委員会

1 都道府県教育委員会々長　一名

2 〃 委員　三名（委員の互選により選出）

3 都道府県教員聯盟員　三名（聯盟員の中より互選）

4 当該教員の属する学校の教員　二名（当該学校教員の中より互選）

審査委員会の会長には都道府県教育委員会々長を以て充てる

二、高等学校の教員の審査委員会

1 地方教育委員会々長　一名

2 〃 委員　五名（

3 地方教員聯盟員　三名（

4 当該教員の属する学校の教員　二名（

審査委員会の会長には地方府県教育委員会々長を以て充てる

十三

三、大学の教員の審査委員会

1. 當該教員の属する大学の教授及び助教授　七名　（互選）

會長は委員の互選した者

五、俸給

（参考）――政令

1. 小学校及び中学校教員　――　基本給の五分の一以上

2. 高等学校教員　――　基本給の四分の一以上

3. 大学教員　――　基本給の三分の一以上

一九　教員連盟

の

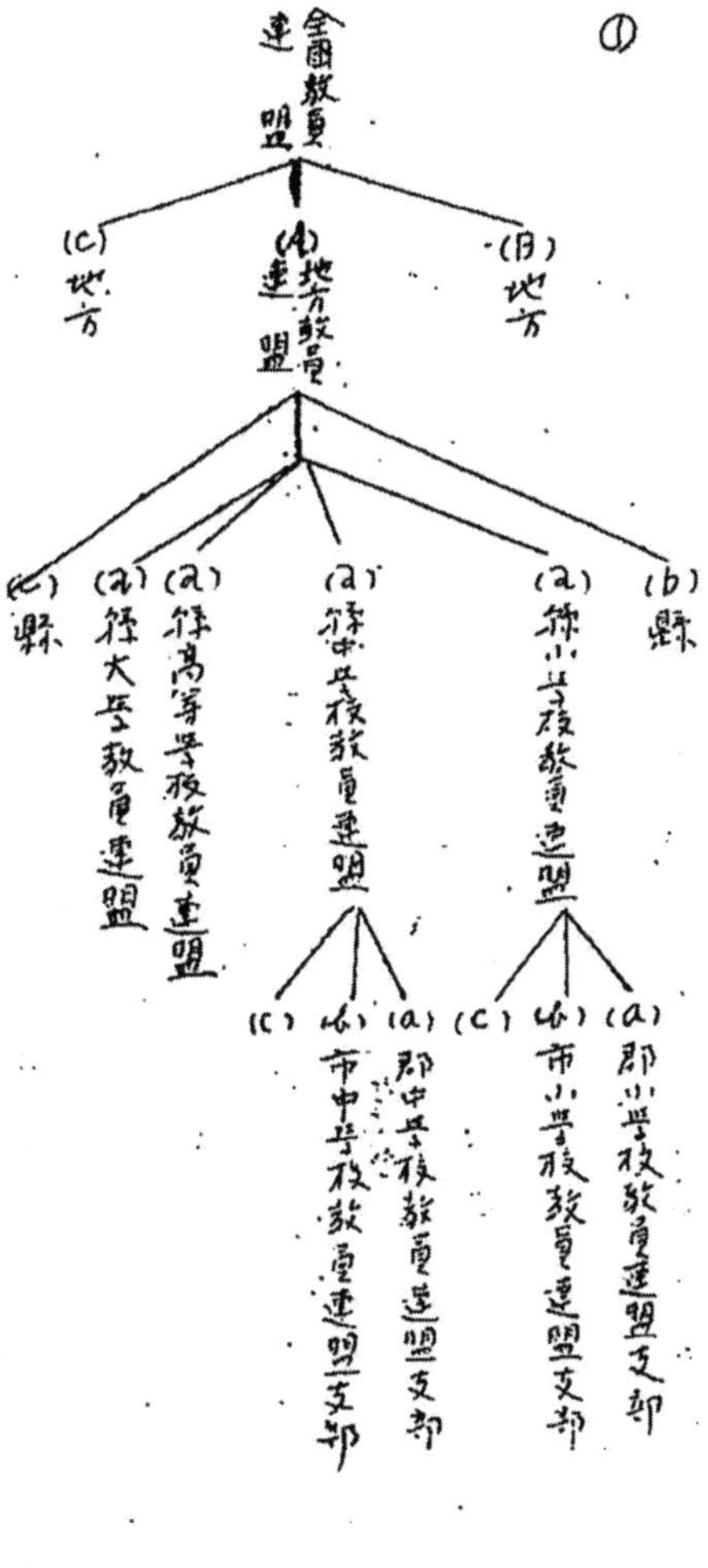
全国教員連盟
(B)地方
(A)地方教員連盟
(C)地方
(b)縣
(a)縣小学校教員連盟
(a)縣中学校教員連盟
(a)縣高等学校教員連盟
(a)縣大学教員連盟
(c)縣
(a)郡小学校教員連盟支部
(b)市小学校教員連盟支部
(c)
(a)郡中学校教員連盟支部
(b)市中学校教員連盟支部
(c)

十五

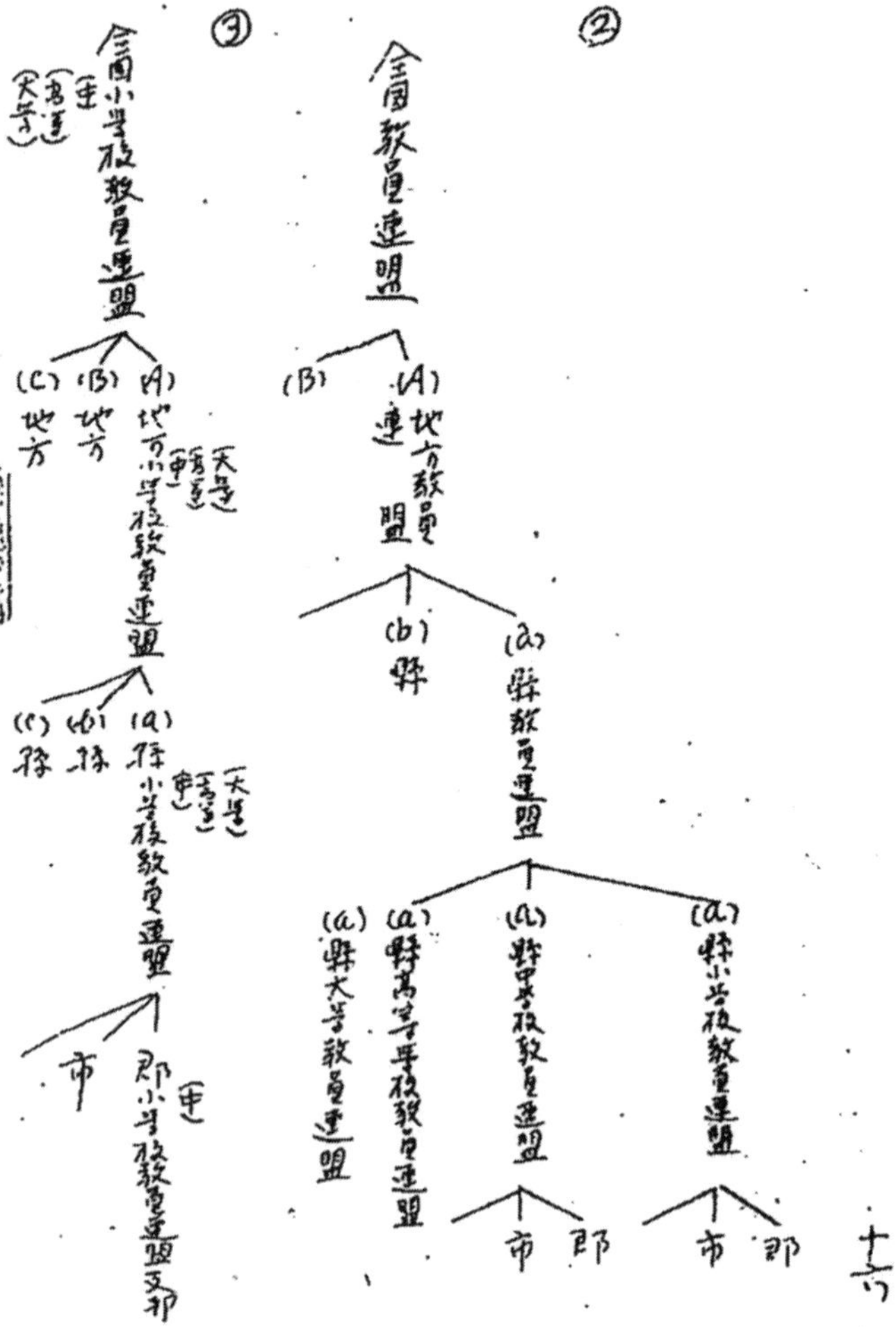
③
全国小学校教員連盟
(C) 地方
(B) 地方
(A) 地方小学校教員連盟
(c) 県
(b) 県
(a) 県小学校教員連盟
市
郡小学校教員連盟支部
②
全国教員連盟
(B)
(A) 地方教員連盟
(b) 県
(a) 県教員連盟
(a) 県大学教員連盟
(a) 県高等学校教員連盟
(a) 県中学校教員連盟
(a) 県小学校教員連盟
市
郡
市
郡
十六

〈著者紹介〉

**藤川伸治（ふじかわ・しんじ）**

みらいの教育プロジェクト呼びかけ人代表、藤川塾塾長。1957年生まれ。1980年4月から広島県公立中学校理科教員。1995年から広島県教職員組合役員、広島平和教育研究所事務局長を歴任。2000年4月から18年3月末まで日本教職員組合役員。教職員の長時間労働解消や公務災害認定の取り組み、非正規公務員の処遇改善に関する法制度実現などにかかわり、政府との協議に従事。18年4月以降、連合総研主任研究員。著書に『みらいの教育〜学校現場をブラックからワクワクへ変える』（共著、武久出版）、『熱血教員が過労死する本当の理由』（kindle）、『広島発　人権・平和教育』（共著、明石書店）、『これが平和学習だ』（共著、アドバンテージサーバー）

連絡先：mirainokyoiku@gmail.com

**めっしほうこう**（滅私奉公）

学校の働き方改革を通して未来の教育をひらく

2019年7月25日　初版 第1刷発行
2020年1月20日　初版 第2刷発行

| | |
|---|---|
| 著者 | 藤川伸治 |
| 発行者 | 大江道雅 |
| 発行所 | 株式会社 明石書店 |
| | 〒101-0021 東京都千代田区外神田6-9-5 |
| | 電話 03（5818）1171 |
| | FAX 03（5818）1174 |
| | 振替　00100-7-24505 |
| | http://www.akashi.co.jp/ |
| 装丁 | 明石書店デザイン室 |
| 組版 | 三冬社 |
| 印刷／製本 | モリモト印刷株式会社 |

（定価はカバーに表示してあります）　ISBN978-4-7503-4867-4